Jakobine Wierz

Spiel doch
mit den
Schmuddelkindern

Matschen, Schmieren, Spielen und Gestalten
mit verschiedenen Materialien

Illustrationen: Jutta Knipping

Ökotopia Verlag, Münster

Impressum

Autorin: Jakobine Wierz

Illustrationen: Jutta Knipping

Satz: Studio Bandur, Idstein-Wörsdorf

ISBN: 3-931902-92-7

ISBN: 978-3-931902-92-6

3 4 5 6 7 · 10 09 08 07 06

Inhalt

Vorwort 4

Ein paar Tipps vorab 6

Matschen, Schmieren, Spielen und Gestalten

...mit Farbe 7
Hinweise zum Umgang mit Farbe 8
Annäherung an das Material Farbe 9
Fingerfarbenlabor 11
Gestalten mit Farbe 16
Spiele mit Farbe 21

...mit Ton 24
Hinweise zum Umgang mit Ton 25
Annäherung an das Material Ton 26
Experimentieren mit grundlegenden
Tontechniken 31
Gestalten mit Ton 34
Spiele mit Tonmatsch 38

...mit Sand 41
Annäherung an das Material Sand 42
Gestalten mit Sand 45
Spiele mit Sand 48

...mit Gips 50
Hinweise zum Umgang mit Gips 51
Annäherung an das Material Gips 52
Gestalten mit Gips 57
Projekt Körperwelten 60

...mit Papier 62
Hinweise zum Matschen mit Papier 63
Annäherung an das Material Papier 64
Gestalten mit Papier 68
Spiele mit Papier 73

...mit Wasser & Seife 74
Annäherung an die Materialien
Wasser & Seife 75
Gestalten mit Wasser & Seife 78
Spiele mit Wasser & Seife 80
Schwimmbad-Spiele 83

...mit Teig 85
Hinweise zum Umgang mit Teig 86
Bastel-Teige & Rezepturen 87
Teige zum Essen, Schlecken & Naschen . 90

...mit Schnee & Eis 94
Annäherung an das Material Schnee . . . 95
Gestalten mit Schnee 97
Spiele mit Schnee 100
Annäherung an das Material Eis 103
Gestalten mit Eis 104

Anhang 106
Register 106
Literatur 108
Die Autorin 108

Vorwort

Matsch, Lehm, Ton, Teig und viele andere formbare und gestalterische Materialien stellen für Kinder besonders reizvolle Stoffe dar. Sie machen unterschiedliche taktile Eindrücke wie Nässe, Glätte, Klebrigkeit und Formbarkeit erlebbar. Die meisten Kinder sind mit leuchtenden Augen bei der Sache, wenn es darum geht glibberige, glitschige Materialien durch Kneten, Glätten, Biegen, Verstreichen, Ziehen oder Drücken in Form zu bringen.

Die Begeisterung der Kinder an schmierigen Materialien teilen jedoch nur wenige Eltern. Zum einen scheuen sie wie viele ErzieherInnen den Arbeitsaufwand, den das ungehemmte Spielen mit matschigen Materialien mit sich bringen kann. Zum anderen aber fürchten sie Schmutz und Dreck und haben Angst um die teure Markenkleidung, die dem Matsch zum Opfer fallen könnte. Heutige Eltern scheinen nie Kind gewesen zu sein und wenn doch, waren sie immer wohlerzogen, reinlich und sauber, ohne jeglichen Forschergedanken im Matsch einen Regenwurm finden zu wollen.

Die Reinlichkeitserziehung des Weißen Riesen unserer Gesellschaft hat hier schon reichlich Früchte getragen, denn auch immer mehr Kinder haben heute den Sauberkeitswahn bereits verinnerlicht: „Das ist mir zu dreckig", „Ich will mich nicht schmutzig machen", „Ich würde ja gerne mitspielen, aber ich habe gute Klamotten an" sind nicht selten Aussagen von Kindern, welche ihrem spielerischen Urinstinkt schon beraubt wurden.

Vielen Kindern ist es auch auf Grund zivilisatorischer Bedingungen nicht mehr möglich Matscherfahrungen in freier Natur zu machen. Größere Städte bieten kaum noch Gelegenheit nach Herzenslust dem Schmuddelkinderdasein nachzukommen, denn alles ist zugemauert, betoniert und asphaltiert.

Dies alles sollte jedoch kein Grund sein, um Kindern das Schwelgen in matschigen und formbaren Materialien vorzuenthalten. Denn gehen wir auf dieses elementare Bedürfnis der Kinder nicht ein, berauben wir sie vieler Erfahrungen. Nicht umsonst stellen solche basalen Stimulationen auch in der Arbeit mit Behinderten und wahrnehmungsgestörten Menschen einen wichtigen Schwerpunkt dar. Jedes Kind trägt den Wunsch zu schmieren seit seiner Geburt in sich. Würde es nicht seit diesem Zeitpunkt unentwegt mit Äußerungen wie „Das ist bah", „Nimm das aus der Hand" oder „Das darfst du nicht in den Mund stecken" bombardiert, würde es ungehindert in Spinat, Brei oder gar in seinen Fäkalien schmieren, ohne sich bewusst zu sein, dass dies ein unangenehmes Erlebnis sein könnte.

Um Kinder beim Ausleben dieses grundlegenden Bedürfnisses zu unterstützen, werden hier zahlreiche Möglichkeiten vorgestellt mit ihnen schmuddelnd und schmierend die Welt zu erleben und zu entdecken.

Eine Möglichkeit ist dabei der Umgang mit Teig. Wer schon einmal Kinder beim Teigkneten beobachtet hat, weiß um die Begeisterung, mit der sie Butter, Eier, Wasser, Mehl und Zucker miteinander vermengen und durchkneten. Da wird geleckt, geschleckt, geformt, gerollt, gedrückt, geschlagen und ausgestochen. Kinder finden erstaunlich viele Möglichkeiten mit dem Material zu hantieren.

Ein anderes beliebtes Matsch-Material ist mit Wasser getränkte Erde, so genannter Lehm oder auch Ton, wenn er entsprechend aufbereitet wurde. Von lehmigen Erd- oder Baugruben fühlen sich Kinder magisch angezogen. Sie springen mit beiden Füßen in den Matsch, dass es nur so spritzt oder graben mit den Händen in den Pfützen nach Lehm und drücken das Wasser heraus. Dabei wird der Lehm lustvoll

geknetet, durchbohrt, zerrissen und zusammengefügt.

Es gibt noch viele andere schleimige und glitschige Materialien, mit denen Kinder spielend, schmierend, matschend und gestaltend die Welt erobern können. Da sind das Herstellen von Fingerfarben, das Arbeiten mit Kleister oder Gips, das Gestalten mit Pappmaché, das Kneten, das Spielen mit Rasierschaum, das Marmorieren und vieles mehr. Kinder brauchen diese haptischen Erlebnisse für ihre gesunde Entwicklung. Scheuen Sie nicht den Aufwand, die Arbeit und den Schmutz, den Sie mit verschiedenen Materialien verbinden. Die kindliche Entwicklung und die Begeisterung der Kinder werden Sie für Ihr Engagement belohnen.

Ein paar Tipps vorab

Die Angebote in diesem Buch sind darauf ausgerichtet, dass Kinder ungehindert matschen und schmuddeln können, ohne darauf achten zu müssen, dass Fußböden, Tischplatten oder Kleidungsstücke sauber bleiben.

Deshalb sollte die Spielleitung mit den Kindern zur gelungenen Realisierung der Angebote den Matschraum einer Einrichtung nutzen. Eine Raumalternative stellt für viele Angebote die freie Natur dar. Falls beide Möglichkeiten nicht umsetzbar sind, kann einfach ein Gruppenraum leer geräumt werden. Dazu eignet sich meist am besten der Turnraum, denn er bietet viel Bewegungsfreiheit. Mit Planen ausgelegt, stellt er die passende Spielwiese fürs Schmuddeln dar. Da die Kinder für viele Spiele Wasser benötigen, ist es wichtig, dass sich ein Waschbecken oder wenigstens Eimer mit Wasser im Raum befinden.

Was die Kleidung angeht, sollten immer Kittel bereit liegen, die die Kinder anziehen, um hemmungslos schmuddeln zu können. Die Spielleitung achtet darauf, dass die Kinder grundsätzlich Kleidungsstücke tragen, die schmutzig werden dürfen.

Für einige Spiele sind Badesachen notwendig. Da sowohl Kinder als auch ErzieherInnen ein unterschiedliches Empfinden dafür haben, welche Spiele sie in normaler Kleidung durchführen wollen, bleibt es dem Bedürfnis der Kinder und der Einschätzung der ErzieherInnen überlassen, zu welchen Spielen sie Badekleidung anziehen möchten – Hauptsache, die Kinder können ohne Einschränkung nach Lust und Laune matschen!

Matschen, Schmieren, Spielen und Gestalten

...mit Farbe

Die Welt der Kinder ist bunt. Kinder leben mit und in Farben und lassen sich immer wieder aufs Neue von ihnen begeistern. Umso größer ist die Faszination für Kinder, wenn sie selber mit Farben spielend umgehen oder experimentieren können. Sie erleben, dass aus einfachen Alltags-Materialien Farben entstehen können. Kinder erfahren aber auch, dass manche Stoffe in ihrer Umgebung Farbe abgeben und andere Materialien einfärben.

Sicherlich haben wir alle schon bemerkt, dass Kinder sehr gerne mit dem ganzen Körper in Farbe schwelgen. Dazu benötigen sie keine Leinwand, sondern benutzen ihren eigenen Körper als Malfläche. Das Schminken des Gesichts gehört ebenso dazu wie das Bemalen von Armen, Beinen oder des gesamten Körpers. Da wird mit den Fingern, den Füßen und vielleicht sogar mit dem Po gemalt.

Aber auch das Malen von Bildern oder das Herstellen von Farben mithilfe von Farbrezepturen fasziniert Kinder immer wieder. In diesem Kapitel ist für den Umgang mit Farbe das Beherrschen von malerischen Techniken Nebensache. Auch Pinsel oder malerisches Können sind nicht von Bedeutung. Im Vordergrund steht das ganzheitliche Erleben von Farbe, welches eng verbunden ist mit Spaß am zufälligen und experimentellen Gestalten oder Spiel

Hinweise zum Umgang mit Farbe

- Nicht alle Farben sind zum Matschen brauchbar. Besonders gut eignen sich Finger- oder Temperafarben aus großen Tuben, die mit etwas Wasser in einer Wanne solange verdünnt werden, bis sie eine breiige Konsistenz haben. Zum Matschen und Experimentieren können die Farben aber genauso gut selbst hergestellt werden (s. S. 11 „Fingerfarbenlabor").

- Farben bestehen aus Farbpigmenten (Farbpulvern) und entsprechenden Bindemitteln. Diese werden gebraucht, um die pulverisierten Farben malfähig zu machen. Als Bindemittel eignen sich z. B. Sahne, Eier oder Quark. Auch wenn es sich dabei um Lebensmittel handelt, sind die Farben nach dem Anrühren nicht essbar! Die Farbpigmente sind in Malerfachgeschäften erhältlich.

- Steine und Erden sind Grundmaterialien der Farbherstellung. Deshalb lassen sich auch aus Erde matschige Malmaterialien herstellen (s. S. 9 „Natürliche Farben mischen").

- Natürliche Farben können auch aus Beeren, Früchten, Zwiebeln, Knollen, Blüten, Blättern usw. (s. S. 9 „Waldfruchtbilder") gewonnen werden, aber auch hier sei etwas Vorsicht geboten, denn viele Pflanzen, die Farbe abgeben, sind giftig!

- Beim Matschen mit Farben sind keine Pinsel notwendig. Die Kinder malen mit den Materialien, die der Alltag oder die Natur zur Verfügung stellen, oder mit ihren Fingern und dem ganzen Körper, sodass das Umgehen mit Farbe zu einem haptischen, sinnlichen Erlebnis wird.

- Als Körpermalfarben eignen sich neben den Farben aus Erdmaterialien vor allem Farben mit Farbpigmenten oder Lebensmittelfarbe.

Annäherung an das Material Farbe

Natürliche Farben mischen

Material: Erdmaterialien (Lehmboden, Kalkboden, Sandboden usw.), Plastiktüten, 1 Plastikwanne pro Erde, Gießkannen, Wasser, Tapetenbahnen
Anzahl: beliebig
Alter: ab 3 Jahren

Verschiedene Regionen und Landschaften verfügen über die unterschiedlichsten Böden.
Bei einer Wanderung füllen die Kinder unterschiedliche Erden in Plastiktüten und nehmen sie mit. Weitere Erden besorgt die Spielleitung.
Die Kinder schütten alle Erden in verschiedene Plastikwannen und gießen nach und nach Wasser aus den Gießkannen dazu.
Mit nackten Füßen zertreten und matschen sie das Gemisch zu einer malfähigen Masse.
Hat sich die Erde gut mit dem Wasser vermischt, legt die Spielleitung Tapetenbahnen auf dem Boden aus, auf denen die Kinder die Erdfarben ausprobieren.
Beim Malen fällt ihnen sicher die reichhaltige Farbpalette der einzelnen Bodensorten auf und dass sich durch vermischen der einzelnen Erdfarben immer neue Farbvarianten ergeben.
Vielleicht möchten sich einige Kinder auch mit den Farben gegenseitig bemalen. Auf ihrer Haut werden sie die unterschiedlichen Konsistenzen der Erden besonders intensiv spüren.

Waldfruchtbilder

Beeren enthalten Farbstoffe. Werden sie mit der Handfläche oder den Fingern auf Papier verrieben, hinterlassen sie dort farbige Spuren.

Material: verschiedene Beeren (z. B. Holunderbeeren, Johannisbeeren, Himbeeren, Brombeeren, Trauben usw.), 1 Plastikwanne pro Beerenart, Tapetenbahnen, Klebeband
Anzahl: beliebig
Alter: ab 3 Jahren

Die Kinder pflücken bei einem Spaziergang verschiedene Beeren und füllen sie je nach Beerenart in die Plastikwannen.
Die Tapetenbahnen werden ausgelegt und mit Klebeband am Boden befestigt.

- Die Kinder steigen mit nackten Füßen in die Wannen und zertreten die Beeren, sodass aus ihnen farbiger Saft entweicht.
  Sind die Beeren zerstampft, steigen die Kinder aus der Wanne und laufen kreuz und quer über die ausgelegten Tapetenbahnen und hinterlassen so ihre bunten Fußabdrücke.
- Die Kinder verteilen eine Hand voll Beeren auf der Tapete und zerdrücken diese mit ihren Füßen oder den Händen.

So entstehen bunt gematschte Waldfruchtbilder, die je nach Jahreszeit und Beerensorten in unterschiedlichsten Farben ausfallen. Verwenden die Kinder getrennte Tapetenbahnen für die einzelnen Beerenabdrücke, erhalten sie eine Bildergalerie mit Brombeer-, Heidelbeer- oder auch Holunderbeerbildern usw.

Varianten

● Statt der Tapetenbahnen werden weiße Leinen- oder Baumwolltücher ausgelegt, auf denen die Kinder die Beeren zerreiben oder darüber mit ihren farbigen Füßen laufen.
● Die Kinder tauchen kleinere Baumwolllappen in den farbigen Saft, sodass sich die Tücher einfärben. Dabei machen Kinder die Erfahrung, dass Beeren auch Stoffe dauerhaft färben können.

Bunte Wasserbilder

Material: verschiedenfarbige Farbpigmente, 1 großer Salzstreuer pro Farbe, Sprühflaschen, Wasser, Tapetenbahnen, Klebeband
Anzahl: beliebig
Alter: ab 3 Jahren

Die Kinder befüllen die Salzstreuer jeweils mit Farbpigmenten einer Farbe.
Die Sprühflaschen füllen sie mit Wasser.
Die Tapetenbahnen werden auf dem Boden ausgelegt und mit Klebeband fixiert.

Mit ihren Sprühflaschen befeuchten die Kinder die Tapetenbahnen.
Ist das Papier gut angefeuchtet, laufen sie mit nackten Füßen über die nassen Papierbahnen und verstreuen dabei ihr Farbpulver aus den Salzstreuern.
Sobald die Farbpigmente auf das nasse Papier treffen, lösen sie sich auf und hinterlassen bunte Farbspuren.
Die Farben lassen sich auch mit Händen und Füßen auf dem Papier verschmieren!
Nach dem Trocknen der Wasserbilder können diese z. B. als riesige bunte Papierfahnen im Treppenhaus oder bei sonnigem Wetter sogar am Giebel oder an der Hauswand aufgehängt werden.

Fingerfarbenlabor

Im Fingerfarbenlabor stellen die Kinder ihre eigenen Fingerfarben her. Hier stehen die unterschiedlichsten Materialien zur Farbherstellung – auf Tischen oder in Regalen – bereit und bieten ihnen vielfältige Möglichkeiten mit den unterschiedlichen Bindemitteln und Farbkonsistenzen zu experimentieren oder nach konkreten Rezeptvorschlägen Farben gemeinsam anzurühren.

Matsch-Experimente

Material: Lebensmittelfarben, viele verschiedene Bindemittel (z. B. Rasierschaum, Shampoo, Sonnenöl, Flüssigwaschmittel, Eigelb, Quark, Milch, Tapetenkleister usw.), 1 Schüssel oder Wanne pro Bindemittel, Tapetenbahnen

Anzahl: beliebig

Alter: ab 4 Jahren

Die Kinder entrollen die Tapetenbahnen auf dem Boden und wählen jeweils ein Bindemittel und eine Lebensmittelfarbe aus.

In einer Schüssel vermischt ein Kind z. B. etwas Quark mit blauer Farbe, ein anderes Sonnenöl mit grüner Farbe... Dabei verrühren sie die Masse mit den Händen.

Je mehr Lebensmittelfarbe die Kinder dem Bindemittel zusetzen, desto intensiver wird der Farbton.

Zum Ausprobieren beginnen die Kinder zunächst mit wenig Material, können jedoch dann als „FarbexpertInnen" auch größere Farbmengen anmischen.

Auf den Tapetenbahnen probieren alle Kinder die Fingerfarbenkreationen aus:

Wie verändert sich ein Farbton bei unterschiedlichen Bindemitteln?

Wie fühlt sich Rasierschaum-Blau im Gegensatz zu Eigelb-Rot an?

Angaben für größere Farbmengen

5 Tuben Lebensmittelfarbe (mind.) auf:

- 4 Dosen Rasierschaum oder
- 1 Eimer Kleister oder
- 12 Eier oder
- 5 kg Quark oder
- 5 l Milch oder
- 5 l Flüssigwaschmittel.

Hinweis: Statt der Lebensmittelfarben können auch Farbpigmente verwendet werden. Hier richtet sich die Menge der Farbpigmente ebenfalls nach der gewünschten Farbintensität.

Fingerfarbenrezepte

Auf die folgenden zwei Rezepte kann bei allen späteren Angeboten zurückgegriffen werden, wenn unter den Materialangaben „Fingerfarben" angegeben sind.
Mit den fertigen Fingerfarben können die Kinder großflächig auf Fenstern, Folien, Papier oder Tapete malen.

Mehlfarbe

Material: 16 EL Weizenmehl, 4 l kaltes Wasser, 1 großer Topf, Schneebesen, 1-2 TL Farbpigmente pro Farbe
Anzahl: beliebig
Alter: ab 4 Jahren (mit Hilfe)

Die Kinder geben zunächst das Mehl und danach das Wasser in den großen Topf.
Unter ständigem Rühren bringen sie (mit Hilfe eines Erwachsenen) die Masse zum Kochen und fügen nun unter weiterem Rühren die Farbpigmente hinzu – fertig ist die Fingerfarbe!
Hinweis: Diese Fingerfarbe eignet sich für den kurzfristigen Gebrauch.

Fingerfarbe süß-sauer

Material: 20 Tassen Wasser, 8 Tassen Mehl, 2 Tassen Zucker, 12 EL Salz, Lebensmittelfarbe bzw. Farbpigmente oder Temperafarbe, 1 alter Einkochtopf, Holzlöffel, 1 Schüssel pro Farbe, 1 Suppenkelle pro Kind
Anzahl: beliebig
Alter: ab 4 Jahren

Die Kinder vermischen Wasser, Mehl, Zucker und Salz in einem alten Kochtopf.
Die Spielleitung erhitzt unter Rühren die Masse solange im Kochtopf, bis sie eindickt.
Mit der Spielleitung füllen die Kinder die Masse mit den Suppenkellen in die leeren Schüsseln.
In die erkaltete Masse rühren die Kinder pro Schüssel einen Farbton ein.

Fingerfarben für den Körper

Werden die beiden oben beschriebenen Fingerfarbenrezepte mit Lebensmittelfarben angerührt, können sie auch zur Körperbemalung benutzt werden.
Achtung: nicht verwenden bei Kindern mit allergischen Hautreaktionen!

Bunte Körpercreme

Material: 3 Dosen Niveacreme, Lebensmittelfarbe, 1 Teller pro Farbe
Anzahl: 6-8 Kinder
Alter: ab 3 Jahren

Die Kinder verteilen die Creme auf die Teller und mischen jeweils eine Lebensmittelfarbe unter. Der Farbton kann durch Zugabe von Lebensmittelfarbe intensiviert werden.
Sind alle Farben angemischt, können die Kinder sich damit gegenseitig bunt anmalen.
Achtung: nicht verwenden bei Kindern mit allergischen Hautreaktionen!

Der Körperpinsel

Bei diesem Angebot erfahren die Kinder, wie unterschiedlich sich die Farben an verschiedenen Körperstellen anfühlen und welche Abdrücke sie mit ihren farbigen Körperteilen hinterlassen können.

Material: Tapete, Klebeband, Schere, Fingerfarben für den Körper (s. S. 12)
Anzahl: beliebig
Alter: ab 3 Jahren

Die Spielleitung verbindet gemeinsam mit den Kindern mehrere Bahnen Tapeten mit Klebeband, legt sie auf dem Boden aus und stellt die Fingerfarben bereit.
Die Kinder probieren auf der großen Malfläche aus, welche Teile ihres Körpers sich zum Malen besonders gut eignen.
Dazu malen sie sich gegenseitig verschiedene Körperstellen bunt an und drücken diese auf die Malfläche oder rollen sich mit ihrem ganzen Körper über das Papier.
Finger, Hände, Arme, Zehen, Füße und Beine kommen dabei ebenso zum Einsatz wie Nase, Stirn, Haare, Po oder Bauch.

Gedankenimpulse:
- Wie fühlen sich die Farben an den unterschiedlichen Körperstellen an?
- Welche Erfahrungen machen die Kinder, wenn sie ihre Abdrücke auf dem Papier hinterlassen?
- Wie fühlt sich die Farbe an, wenn sie am Körper getrocknet ist?

Tanz der Farben

Material: Raufasertapete, Klebeband, Tapetenkleister, 1 Eimer, 3 flache Wannen, mehrere Anstreicherpinsel (Quast), Wasser, Temperafarben in Rot, Gelb und Blau
Anzahl: beliebig
Alter: ab 4 Jahren

Die Spielleitung legt mehrere Tapetenbahnen zu zwei getrennten „Tanzflächen" auf dem Boden aus und fixiert diese mit Klebeband.
Mit den Kindern rührt sie den Kleister entsprechend der Verpackungsbeschreibung im Eimer an.
Die Kinder verschmieren den Kleister mit den Pinseln auf der Tapete, sodass ein glitschiger Malgrund entsteht: die „Tanzfläche" für die Farben.
Die Wannen werden mit den Temperafarben gefüllt, mit dem Wasser etwas verdünnt und neben einer der beiden Tanzflächen aufgestellt.

Jedes Kind entscheidet sich für eine der drei Farben und übernimmt damit in der folgenden Geschichte die Rolle des „Herrn Rot", der „Frau Gelb" oder der „Frau Blau".
Die Kinder tauchen mit nackten Füßen in ihre Farbe ein und warten auf die Anweisungen in der Geschichte, die ihnen die Spielleitung langsam vorliest.
Sie folgen der Geschichte und führen nacheinander die Beschreibungen aus. Dazu tauchen sie ihre Füße immer wieder aufs Neue in die Farbe ein. Wenn sich die drei Freunde eine neue Tanzfläche suchen, wechseln die Kinder auf die zweite ausgelegte Tapeten-Fläche.
Achtung: Durch den Kleister ist die Tanzfläche sehr glatt!

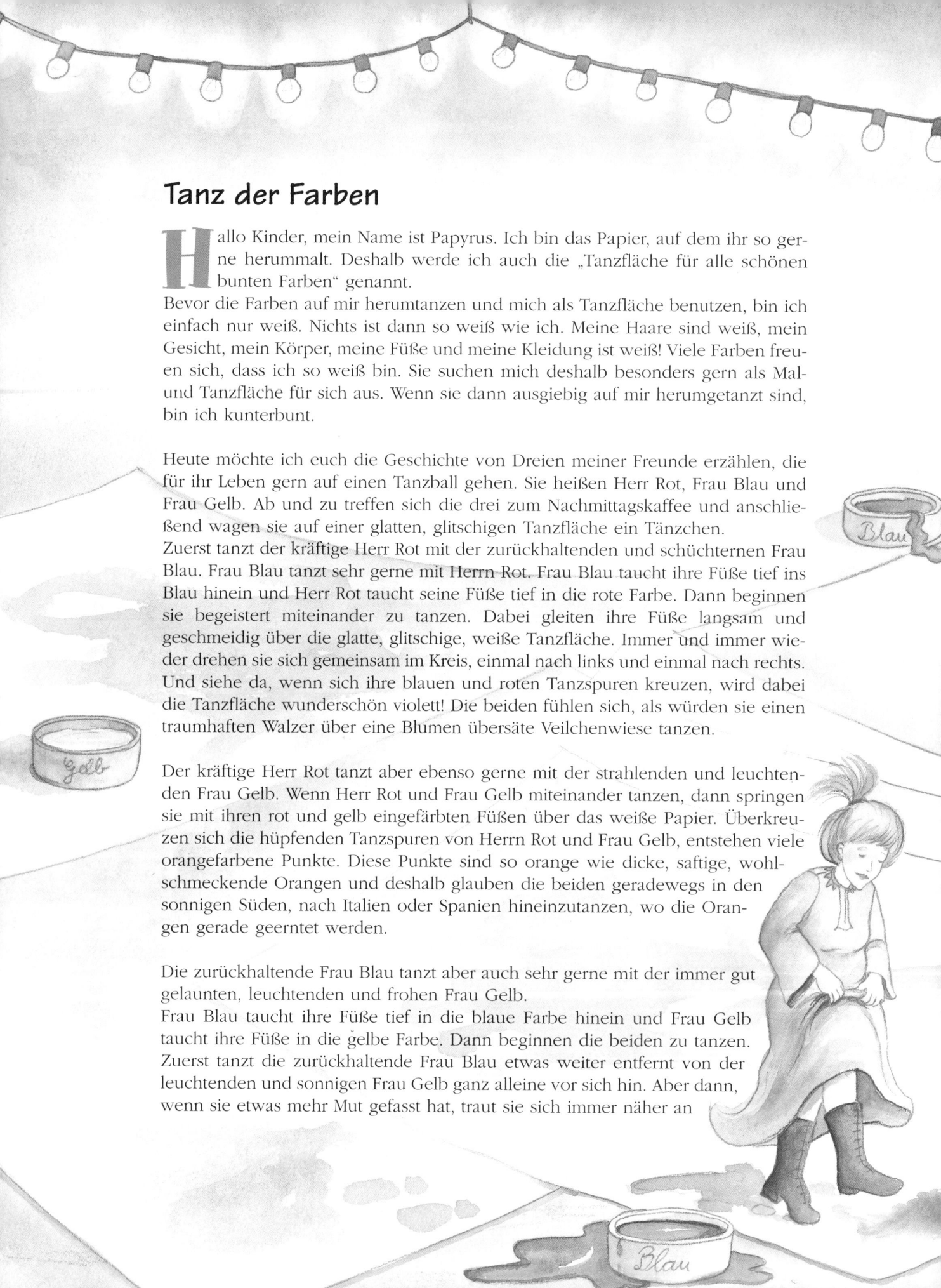

Tanz der Farben

Hallo Kinder, mein Name ist Papyrus. Ich bin das Papier, auf dem ihr so gerne herummalt. Deshalb werde ich auch die „Tanzfläche für alle schönen bunten Farben" genannt.

Bevor die Farben auf mir herumtanzen und mich als Tanzfläche benutzen, bin ich einfach nur weiß. Nichts ist dann so weiß wie ich. Meine Haare sind weiß, mein Gesicht, mein Körper, meine Füße und meine Kleidung ist weiß! Viele Farben freuen sich, dass ich so weiß bin. Sie suchen mich deshalb besonders gern als Mal- und Tanzfläche für sich aus. Wenn sie dann ausgiebig auf mir herumgetanzt sind, bin ich kunterbunt.

Heute möchte ich euch die Geschichte von Dreien meiner Freunde erzählen, die für ihr Leben gern auf einen Tanzball gehen. Sie heißen Herr Rot, Frau Blau und Frau Gelb. Ab und zu treffen sich die drei zum Nachmittagskaffee und anschließend wagen sie auf einer glatten, glitschigen Tanzfläche ein Tänzchen.

Zuerst tanzt der kräftige Herr Rot mit der zurückhaltenden und schüchternen Frau Blau. Frau Blau tanzt sehr gerne mit Herrn Rot. Frau Blau taucht ihre Füße tief ins Blau hinein und Herr Rot taucht seine Füße tief in die rote Farbe. Dann beginnen sie begeistert miteinander zu tanzen. Dabei gleiten ihre Füße langsam und geschmeidig über die glatte, glitschige, weiße Tanzfläche. Immer und immer wieder drehen sie sich gemeinsam im Kreis, einmal nach links und einmal nach rechts. Und siehe da, wenn sich ihre blauen und roten Tanzspuren kreuzen, wird dabei die Tanzfläche wunderschön violett! Die beiden fühlen sich, als würden sie einen traumhaften Walzer über eine Blumen übersäte Veilchenwiese tanzen.

Der kräftige Herr Rot tanzt aber ebenso gerne mit der strahlenden und leuchtenden Frau Gelb. Wenn Herr Rot und Frau Gelb miteinander tanzen, dann springen sie mit ihren rot und gelb eingefärbten Füßen über das weiße Papier. Überkreuzen sich die hüpfenden Tanzspuren von Herrn Rot und Frau Gelb, entstehen viele orangefarbene Punkte. Diese Punkte sind so orange wie dicke, saftige, wohlschmeckende Orangen und deshalb glauben die beiden geradewegs in den sonnigen Süden, nach Italien oder Spanien hineinzutanzen, wo die Orangen gerade geerntet werden.

Die zurückhaltende Frau Blau tanzt aber auch sehr gerne mit der immer gut gelaunten, leuchtenden und frohen Frau Gelb.

Frau Blau taucht ihre Füße tief in die blaue Farbe hinein und Frau Gelb taucht ihre Füße in die gelbe Farbe. Dann beginnen die beiden zu tanzen.

Zuerst tanzt die zurückhaltende Frau Blau etwas weiter entfernt von der leuchtenden und sonnigen Frau Gelb ganz alleine vor sich hin. Aber dann, wenn sie etwas mehr Mut gefasst hat, traut sie sich immer näher an

die fröhliche Frau Gelb heran, bis ihre Füße und ihre Farbspuren sich berühren –
und plötzlich tanzen die beiden gemeinsam über eine saftig grüne Frühlingswiese.
Sie tanzen und tanzen, bis ihnen ganz schwindlig vor den Augen wird. Sie drehen
sich, sie ziehen Kreise, malen Spiralen, tanzen geradeaus und in Zick-Zack-Linien
über die grüne Wiese und fühlen sich auf der sattgrünen Wiese so wohl wie die
Tiere auf einer saftigen Weide.

Und weil ihnen das Tanzen so viel Spaß macht, gesellt sich auch Herr Rot wieder
dazu und jetzt tanzen sie alle drei zusammen.
Doch was passiert da plötzlich mit all den schönen bunten Farben, mit dem Rot,
dem Orange, dem Gelb, dem Grün, dem Blau, dem Violett und dem Weiß auf der
Tanzfläche? Alle Farben vermischen sich miteinander und die Tanzfläche wird
brauner und brauner: Ein großer, brauner Riese bedeckt die Tanzfläche.
Auf so einer braunen Fläche macht Herrn Rot, Frau Gelb und Frau Blau das Tanzen plötzlich gar keinen Spaß mehr. So beschließen sie die Tanzfläche zu wechseln und suchen sich erneut eine wunderschöne, weiße Tanzfläche. Diesmal aber
sind sie klüger: Sie wissen nun, dass sie niemals alle gleichzeitig miteinander tanzen können. Denn nur, wenn Herr Rot mit Frau Gelb oder Herr Rot mit Frau Blau
oder Frau Blau mit Frau Gelb tanzt, können sie von einer grünen, saftigen Wiese,
von einem violetten Veilchenfeld oder von den südlichen Orangen träumen. Tanzen sie jedoch alle gemeinsam, so erscheint der große braune Riese, der es sich
auf der weißen Tanzfläche bequem macht.

Gestalten mit Farbe

Körperbemalung – Body painting

Material: Fingerfarben für den Körper (s. S. 12), Wasser, Pinsel, Fotoapparat
Anzahl: beliebig, in Paaren
Alter: ab 4 Jahren

Die Spielleitung verdünnt die Farben so mit Wasser, dass sie sich mit einem Pinsel leicht verstreichen lassen.

Die Kinder bilden Paare. Eines der beiden Kinder stellt seinen Körper als Leinwand zur Verfügung, das andere übernimmt die Rolle des Bodykünstlers und malt seine „Leinwand" bunt an. Dabei kann jeder Körperteil eine andere Farbe erhalten oder z. B. der Rücken als Leinwand für ein Bild dienen usw.

Alle Körperbemalungen sollten auf jeden Fall mit einem Fotoapparat festgehalten werden.

Sind die Kinder mit ihren Körperbildern fertig, werden die Rollen getauscht.

Hinweis: Es gibt Kinder, die sich nicht ganz bemalen lassen möchten. Vielleicht haben sie aber an einer bunten Gesichtsmaske ebenso viel Spaß.

Varianten

● Die Kinder veranstalten eine Modenschau. Sie staffieren ihre PartnerInnen mit auf den Körper gemalten Kleidern, Hosen, T-Shirts oder Badeanzügen aus.
Zum Abschluss finden sich alle bemalten Kinder auf dem Laufsteg wieder und präsentieren den Malkünstlern die neue Kollektion!
● Die Kinder lassen sich ein Gesicht auf den Bauch oder auf ein Knie malen.
Bewegen sie die entsprechende Körperstelle, werden die Portraits lebendig und regen sich!

Chamäleon

Material: Fingerfarben für den Körper (s. S. 12), Pinsel, Wasser, mehrere Schüsseln, Fotoapparat
Anzahl: beliebig, in Paaren
Anzahl: ab 4 Jahren

Die Kinder bilden Paare.

Sie gehen nach draußen und suchen nach einem Hintergrund (z. B. Waldboden, Wiese, Mauer usw.), dem sie sich wie ein Chamäleon anpassen wollen.

Sie mischen (evtl. mit Hilfe der Spielleitung) die Farben möglichst in den Tönen der Mauer oder der Wiese usw. und malen sich gegenseitig damit an.

Je besser es ihnen gelingt sich an den Hintergrund anzupassen, desto weniger sind sie später auf den Fotos, die von der Spielleitung gemacht werden, zu erkennen.

Action-Körperpainting

Material: Tapetenbahnen, Klebeband, dünn-
flüssige Temperafarben in Eimern,
Soßenkellen, Wasserspritzen und für
ca. die Hälfte der Kinder Taucherbrillen

Anzahl: beliebig

Alter: ab 4 Jahren

Gemeinsam mit der Spielleitung verkleiden die
Kinder eine Wand mit Tapetenbahnen und stellen die mit Temperafarben gefüllten Eimer
bereit.

Mit den Soßenkellen füllen die Kinder ihre Wasserspritzen mit Farbe.

Einige Kinder stellen ihren Körper zum Bemalen zur Verfügung. Sie ziehen die Taucherbrillen
an und stellen sich vor der Leinwand auf.

In einem Abstand von ungefähr einem Meter
stehen die SpritzkünstlerInnen bereit. Sie zielen
nun in Richtung Leinwand und malen ihre
Freunde spritzend an.

Sicherlich gehen dabei auch viele Spritzer dane-
ben und landen auf der Tapetenwand – so entsteht gleichzeitig ein Spritzbild!

Kinder bunt einpacken

Material: 1 große Plastikfolie, mit etwas Wasser
verdünnte Fingerfarben für den
Körper (s. S. 12), Wannen, Schrubber,
Fotoapparat, Wasserschlauch

Anzahl: max. 6 Kinder pro Folie

Alter: ab 3 Jahren

Die Kinder legen die Plastikfolie auf dem Boden
aus und füllen die verdünnten Fingerfarben in
die Wannen.

Sie tauchen die Schrubber in die Farbe und
beschmieren damit großzügig die Plastikfolie.

Ein Kind darf sich auf die bunte Plastikfolie
legen und wird von den anderen darin eingepackt.

Achtung: Der Kopf bleibt draußen!

Je mehr die Kinder die Folie am Körper des eingewickelten Kindes glatt streichen, desto mehr
verschmiert sich die Farbe auf seiner Haut und
hinterlässt so bunte Farbflecken.

Ist das eingepackte Kind wieder befreit, muss
die phantasievolle Körperbemalung unbedingt
fotografiert werden!

Damit die Aktion mit anderen Freiwilligen
wiederholt werden kann, spritzen die Kinder die
Plastikfolie nach jeder Runde mit dem Wasserschlauch sauber.

Außergewöhnliche Malwerkzeuge

Material: Tapetenrollen oder Packpapier, Klebeband, Temperafarben, 1 große Wanne pro Farbe, Wasser, Malwerkzeuge (Feger, Schrubber, Besen, Bürsten, Scheibenwischer usw.); für die **„Schwammbilder"**: Schwämme, Scheuerlappen, etc; für die **„Natürlichen Pinsel"**: Reisigzweige, Stroh, Gräser, Tannenzweige etc.

Anzahl: beliebig

Alter: ab 3 Jahren

Entlang einer Wand fügt die Spielleitung mit Klebeband mehrere Bahnen Tapete oder Packpapier zu einer Riesen-Leinwand aneinander.
Die Temperafarben werden in den Wannen angerührt. Dazu vermischt die Spielleitung gemeinsam mit den Kindern die Temperafarben mit Wasser, sodass sie sich mit den ausgewählten Malwerkzeugen auftragen lassen. Die Farben können bereits mit diesen besonderen „Pinseln" angerührt werden.
Auf der Papierleinwand probieren die Kinder nun ihre ungewöhnlichen Malwerkzeugen gemeinsam aus. Sie tauchen die Schrubber, Bürsten oder Scheibenwischer in die großen Wannen ein und malen oder spritzen damit auf die Leinwand.
Mit welchem „Pinsel" lassen sich die schönsten Effekte erzielen?

Schwammbilder

Die Kinder tunken Schwämme oder Scheuerlappen etc. in die Farben und werfen sie mit aller Wucht gegen die Papierleinwand, sodass die bunte Farbe nach allen Seiten wegspritzt.

Natürliche Pinsel

Die Kinder sammeln Reisigzweige, Stroh, Gräser, Tannenzweige usw., tunken sie in die Farben und spritzen damit nach Herzenslust auf die Leinwand oder malen direkt auf das Papier.

Hinweise:

● Verwenden die Kinder Packpapier als Leinwand, kann es anschließend als Geschenkpapier verwendet werden.
● Statt Tapete oder Packpapier können auf diese Weise auch Fenster oder Glastüren bunt bespritzt und bemalt werden.

Peitschbilder

Material: Packpapier, Klebeband, Temperafarben, Wasser, 1 Wanne pro Farbe, Seile oder Springseile

Anzahl: beliebig

Alter: ab 3 Jahren

Die Kinder legen mit der Spielleitung das Packpapier auf dem Boden aus und fixieren es mit Klebestreifen.
Die Temperafarben werden in den Wannen mit etwas Wasser verdünnt und jedes Kind erhält eines der Seile.
Die Kinder nehmen ihr Seil und tauchen die Seilenden in eine Farbwanne ein. Diese saugen sich dabei mit Farbe voll.
Nun kann der Spritzspaß beginnen!
Die Kinder peitschen mit ihren bunten Seilen auf die Malfläche. Dabei spritzen die Farben beim Aufschlag nach allen Seiten und hinterlassen ihre Farbspur auf dem Papier.

Sicher haben die Kinder Spaß daran einzelne Teile des Seils in unterschiedliche Farben zu tauchen, damit sie mit zwei oder mehr Farben gleichzeitig auf das Papier spritzen können und die Bilder noch farbenfroher werden...

Papier marmorieren

Material: flache Wannen, Wasser, Ölfarben,
Aquarellpapier
Anzahl: 4 Kinder pro Wanne
Alter: ab 4 Jahren

Die Kinder füllen die Wannen mit Wasser.
Sie tupfen kleine Ölfarbenkleckse in mehreren
Farben auf die Wasseroberfläche, sodass die
Farbtupfer wie kleine Augen auf dem Wasser
schwimmen.
Mit den Fingern ziehen die Kinder vorsichtig
Schlieren in die Farben. Aber aufgepasst – ver-
mischen sich die Farben zu sehr auf dem Was-
ser, geht der besondere Marmoreffekt verloren!
Sind die Kinder mit dem Ergebnis zufrieden,
legen sie das Aquarellpapier auf die Wasser-
oberfläche.
Nach 5 bis 10 Sekunden nehmen sie das Papier
wieder vom Wasser herunter, drehen es um und
halten das Bild möglichst in der Waagerechten,
sodass die Farben nicht wegfließen können.
Da die Farbe ölhaltig ist, brauchen die bunten
Schmuckpapiere einige Tage, bis sie ganz und
gar getrocknet sind.
Mit den marmorierten Papieren lassen sich z. B.
Kunstkarten herstellen, Bücher und Hefte bekle-
ben oder einbinden usw.
Hinweis: Eine besonders schöne Farbigkeit entsteht, wenn die Kinder „Mischfarben" miteinander auf der Wasseroberfläche kombinieren, also
z. B. gelb mit orange und rot oder gelb mit
grün und blau oder rot-violett und blau.

Deckenbilder

Material: Zeichenpapier, Klebeband, Tische,
Temperafarben, Wasser, 1 Schüssel
pro Farbe, Pinsel
Anzahl: 2 Kinder pro Tisch
Alter: ab 3 Jahren

Die Kinder kleben das Papier mit Klebeband
unter den Tischplatten fest.
Die Temperafarben werden mit Wasser in den
Schüsseln angerührt und mit den Pinseln auf
dem Boden neben den Tischen bereit gestellt.
Die Kinder legen sich unter den Tischen auf den
Rücken und fertigen dort ihre „Deckenbilder"
an. Sie werden sicher schnell bemerken, dass
diese Art zu malen gar nicht so einfach ist.
Je dünnflüssiger die Farbe angerührt wurde,
desto mehr wird sie während des Malens von
der „Decke" auf die kleinen MalkünstlerInnen
herunter tropfen, sodass zum Schluss nicht nur
das Papier, sondern auch die Kinder ein Kunstwerk sind!

Variante

Bevor sie sich unter den Tisch legen, tauchen
die Kinder ihre Füße in die Farbe und malen
damit auf der Deckenleinwand.

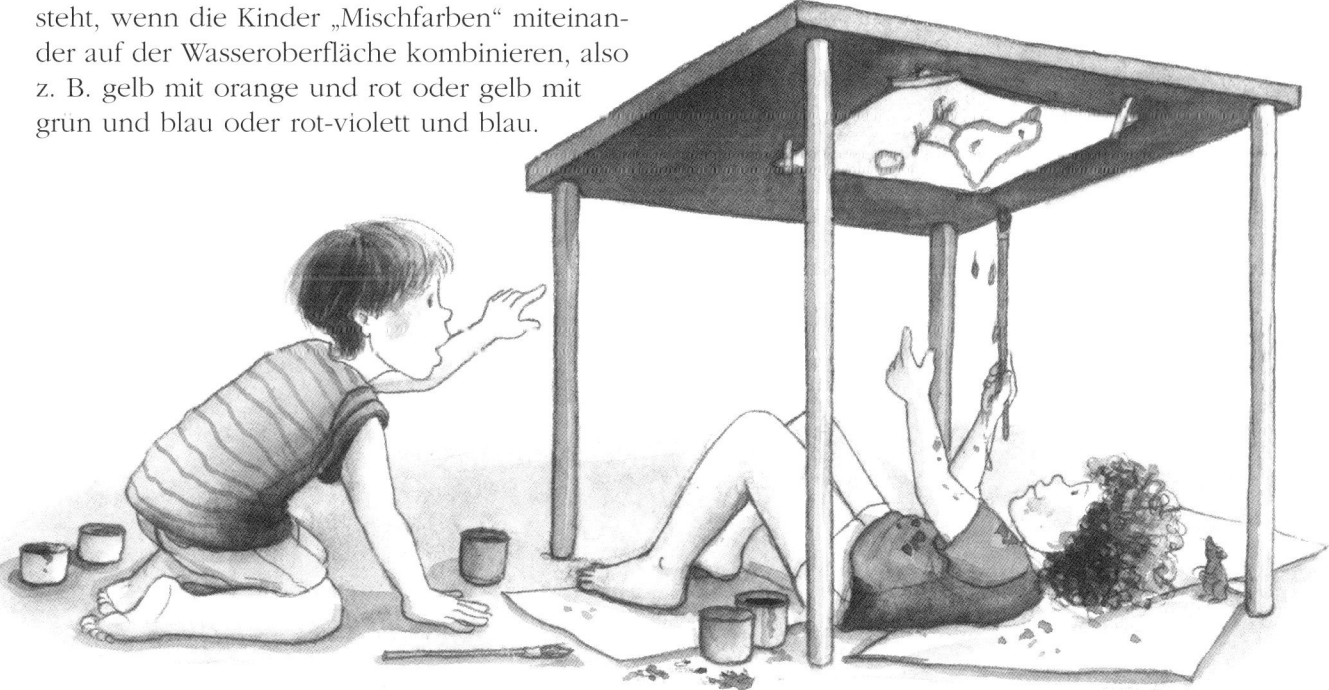

Hu, ich bin der Farbengeist

Musik und Text: Jakobine Wierz

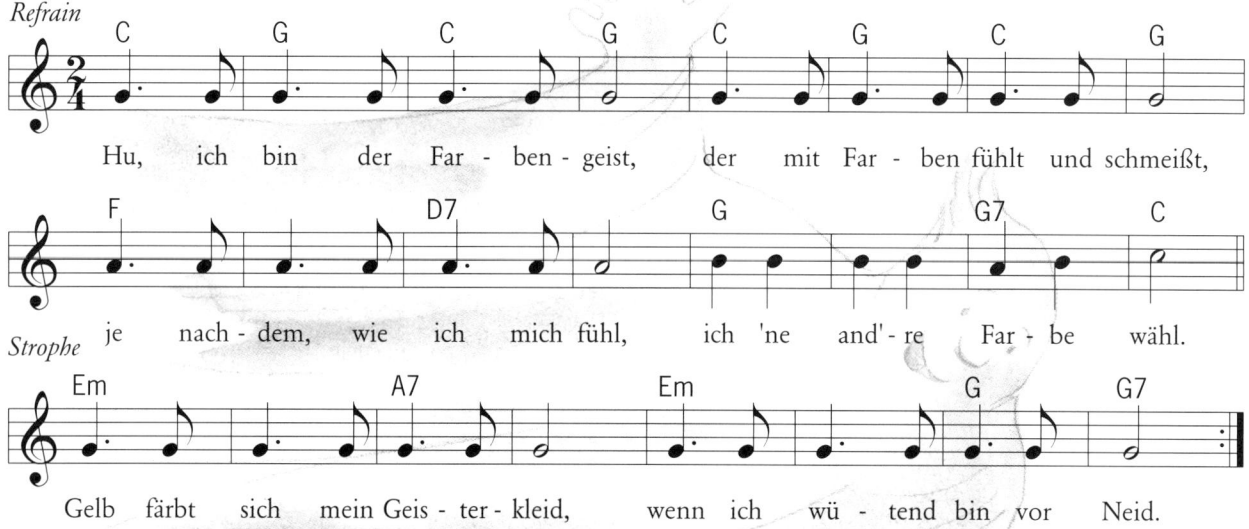

Refrain

C · G · C · G · C · G · C · G

Hu, ich bin der Far - ben - geist, der mit Far - ben fühlt und schmeißt,

F · D7 · G · G7 · C

Strophe je nach - dem, wie ich mich fühl, ich 'ne and'- re Far - be wähl.

Em · A7 · Em · G · G7

Gelb färbt sich mein Geis - ter - kleid, wenn ich wü - tend bin vor Neid.

Refrain:

Hu, ich bin der Farbengeist,
der mit Farben fühlt und schmeißt,
je nachdem, wie ich mich fühl,
ich 'ne and're Farbe wähl.

1. Gelb färbt sich mein Geisterkleid,
wenn ich wütend bin vor Neid.

2. Blau färbt sich mein Geisterkleid,
wenn ich Treue schwör dem Freund.

3. Grün färbt sich mein Geisterkleid,
wenn ich relaxe nach 'nem Streit

4. Rot färbt sich mein Geisterkleid,
wenn ich liebe meinen Freund.

Spiele mit Farbe

Handabdrucke

Material: Tapete, Klebeband, Fingerfarben für den Körper (s. S. 12) in 3 verschiedenen Farben, Wasser, 6 Wannen
Anzahl: beliebig, gerade Anzahl
Alter: ab 4 Jahren

Die Spielleitung befestigt an einer Wand nebeneinander zwei Tapetenbahnen.
Die drei Fingerfarben werden mit Wasser verdünnt und jede Farbe auf zwei Wannen verteilt. Zu jeder Tapetenbahn gehören nun drei Wannen mit unterschiedlichen Farben.

Die Kinder bilden zwei Teams und stellen sich in einer Reihe jeweils vor einer der Tapetenbahnen neben ihren drei Farbwannen auf.
Auf „Los!" taucht der erste Spieler eines jeden Teams seine Hände in eine der drei flüssigen Farben ein, läuft zur Tapetenbahn und drückt seine farbigen Hände auf das Papier. Währenddessen tauchen schon die nächsten beiden SpielerInnen ihre Hände in die Farbe, dürfen aber erst loslaufen, wenn das erste Kind ihres Teams seine Abdrucke fertig hat.
Welches Team hat es nach einer Spieldauer von ca. 3 bis 5 Minuten geschafft, die meisten Handabdrucke auf der Tapete zu hinterlassen?

Variante

Die Kinder tauchen verschiedene Körperteile in die Farben, um damit Abdrucke auf der Leinwand zu hinterlassen. Wie wäre es mit Füßen, Knien, Gesicht oder Po?

Farben spritzen

Material: 1 Wasserspritze pro SpielerIn, Temperafarbe, Wasser, 1 große Wanne, Soßenkellen
Anzahl: beliebig
Alter: ab vier Jahren

Die Kinder verdünnen die Temperafarbe in der Wanne mit Wasser, füllen mit den Soßenkellen die Farbe in ihre Wasserspritzen und stellen sich verteilt auf einer abgegrenzten Spielfläche auf.
Auf ein Startzeichen bespritzen sich die Kinder gegenseitig mit der Farbe.
Welches Kind wird nach der Spritzerei zum schönsten Kunstwerk des Tages ernannt?

Farbenpfänderbild

Material: Decke, Tapete oder Packpapier, Fingerfarben für den Körper (s. S. 12), Wasser, 1 Schüssel pro Farbe, Pinsel
Anzahl: beliebig
Alter: ab 4 Jahren

Die Kinder legen das Packpapier oder die Tapetenbahnen auf dem Boden aus, rühren die Fingerfarben in Schüsseln mit Wasser an und stellen sie mit den Pinseln bereit.
Jedes Kind legt einen Gegenstand, den es bei sich trägt, als Pfand unter die Decke.
Die Kinder versammeln sich um die verdeckten Pfänder.
Die Spielleitung nimmt unter der Decke einen Gegenstand in die Hand und fragt:
„Was soll derjenige tun, dem dieses Pfand gehört?"
Die Kinder überlegen sich gemeinsam eine Aufgabe, bei der es immer um das Anmalen von Körperteilen gehen soll. So könnte eine Aufgabe lauten: „Bemale deinen Arm und drücke ihn auf die Tapete!" oder: „Bemale deine Nase oder deine Stirn und mache einen Abdruck auf das Papier!" usw.
Nun zieht die Spielleitung das Pfand unter der Decke hervor. Der Besitzer sucht sich eine Farbe aus und erhält sein Pfand erst dann zurück, wenn es den Abdruck der gewünschten Körperstelle auf dem Papier hinterlassen hat.
Haben alle ihre Pfänder wieder zurück, ist ein gemeinsames buntes Körperabdruckbild entstanden.

Farbige Bewegungsbilder

Material: Fingerfarben für den Körper (s. S. 12), 1 Becher pro Paar, Musik
Anzahl: beliebig, in Paaren
Alter: ab 4 Jahren

Die Fingerfarben werden auf verschiedene Becher verteilt.
Die Kinder bilden Paare. Eines von beiden stellt mit seinem nackten Rücken eine tanzende Leinwand dar, das andere übernimmt die Rolle des Malers und erhält einen Becher mit Fingerfarbe. Sobald die Musik ertönt, beginnt das Kind, das die Leinwand darstellt, sich nach der Musik zu bewegen. Der Maler taucht seine Finger immer von neuem in den Farbbecher und hält sie lediglich als Pinsel an den Rücken der „tanzenden Leinwand". Durch die rhythmischen Bewegungen entstehen auf dem Rücken farbige Spuren, ein „Abbild" der Musik.
Entscheiden sich die Paare dafür, während des Tanzes konkrete Figuren oder Gegenstände zu malen, wobei auch hier die „Leinwand" die Formen bestimmt, können alle zum Schluss ein kurzes Ratespiel machen: Wer errät, um was es sich bei den einzelnen Gemälden handelt?

Malen nach Würfeln

Material: Tapete oder Packpapier, Klebeband, Fingerfarben (s. S. 12), Wasser, 1 Plastikwanne pro Farbe, Kleister, Eimer, 1 großer Anstreicherpinsel (Quast), 1 Würfel pro Gruppe, 6 Malgeräte (z. B. Schwamm, WC-Bürste, Scheibenwischer, Schrubber, Haarbürste, Kamm)

Anzahl: beliebig, in 4er-Gruppen

Alter: ab 4 Jahren

Die Kinder bilden Vierergruppen.

Auf dem Boden oder an einer Wand befestigt die Spielleitung mit Klebeband pro Gruppe eine großformatige Malfläche aus Tapete oder Packpapier.

Die Fingerfarben werden in den Wannen mit Wasser verdünnt.

Gemeinsam mit der Spielleitung rühren die Kinder den Kleister im Eimer entsprechend der Verpackungsbeschreibung an und kleistern mit dem Anstreicherpinsel die Malflächen ein.

Der Reihe nach würfeln die Kinder in ihren Gruppen. Die Augenzahl bestimmt jeweils, mit welchem besonderen „Pinsel" das Kind auf seiner Leinwand malen darf:

⚀ **Schwamm:**
den Schwamm in Farbe tauchen und gegen die Malfläche werfen;

⚁ **WC-Bürste:**
die WC-Bürste in eine Wanne tauchen und damit die Farbe auf die Leinwand auftragen;

⚂ **Scheibenwischer:**
die bisher aufgetragene Farbe mit dem Scheibenwischer verwischen;

⚃ **Schrubber:**
den Schrubber in eine der Wannen tauchen und damit auf die Leinwand malen;

⚄ **Haarbürste:**
die Haarbürste in Farbe tauchen und damit über das Papier streichen;

⚅ **Kamm:**
mit dem Kamm Muster in die Malfläche kratzen.

Farb-Fangen

Material: 2 kleine Eimer, 2 Farben, 2 Pinsel

Anzahl: mind. 10 SpielerInnen

Alter: ab 4 Jahren

Zwei Kinder werden zu FängerInnen. Sie erhalten beide einen kleinen Eimer mit unterschiedlichen Farben und einen Pinsel.

Während des Fangspiels besteht ihre Aufgabe darin, die anderen Kinder mit einem farbigen Pinselstrich irgendwo am Körper zu markieren. Alle SpielerInnen (auch die FängerInnen) dürfen sich dabei nur „im Gänseschritt" vorwärts bewegen, indem sie also immer nur einen Fuß direkt vor den anderen setzen.

Die Kinder, die von einem Fänger mit einem Farbklecks markiert werden, begeben sich an den Rand des Spielfelds und feuern die beiden FängerInnen an.

Wer zum Schluss die meisten Kinder mit seiner Farbe markieren konnte, darf zwei neue FängerInnen bestimmen. Haben alle Kinder ihre Farbmarkierungen entfernt, kann die nächste Runde beginnen.

Matschen, Schmieren, Spielen und Gestalten

...mit Ton

Das Arbeiten mit Ton bedeutet mit einem weichen, glitschigen, schmutzigen und streichfähigen Material zu hantieren. Ton hat wie Lehm einen besonderen Reiz und Aufforderungscharakter, denn er ist vielseitig verwendbar: Die Kinder können damit malen oder spielen, sie können den Ton kneten oder härten usw. Außerdem erleben sie während des Trocknens und später beim Brennvorgang, wie der Ton seine Konsistenz verändern kann.

Um das Material ganzheitlich in all seinen Facetten zu er- und begreifen, setzen die Kinder schlicht ihre Hände als Werkzeuge ein. Die taktilen Eindrücke spielen hier eine besonders große Rolle. Aber auch die Augen, die den gestalterischen Weg begleiten, und die Nase, die den feucht-modrigen Geruch des Tones einatmet, nehmen eine bedeutende Stellung beim Spielen und Gestalten mit Ton ein.

Die nachfolgenden Angebote fördern auf spielerische Art und Weise gestalterisches Tun mit dem formbaren Material Ton und bieten Kindern viele verschiedene Möglichkeiten sich mit ihm auseinander zu setzen. Vielleicht entdecken Kinder dabei für sich ein zwar altes, ihnen jedoch noch unbekanntes Spielparadies.

Hinweise zum Umgang mit Ton

- Bevor die Kinder mit Ton gestalten oder spielen können, müssen sie den Ton geschmeidig schlagen und kneten. Dadurch entweichen Luftbläschen, die sich im Ton befinden. Entfernen die Kinder diese nicht, besteht die Gefahr, dass die gestalteten Objekte beim Trocknen oder später beim Brennen bersten.
- Ton kann mit verschiedenen Techniken gestaltet werden: mit Wulsttechnik, Platten- oder Kugeltechnik (s. S. 31 f.).
- Um mehrere Tonteile miteinander zu verbinden, müssen die Teile an den Anschlussstellen angeraut und mit Tonschlicker beschmiert werden. Dieser stellt den Klebstoff für den Ton dar. Bereits getrocknete Teile können nicht mehr mit Tonschlicker zusammengefügt werden.
- Tonschlicker stellen die Kinder her, indem sie Ton mit Wasser solange verdünnen, bis eine flüssig-sahnige Konsistenz entsteht.
- Ein Schälchen mit Wasser sollte beim Arbeiten mit Ton immer bereit stehen.
- Da die vorgestellten Angebote eher erfahrungs- als ergebnisorientiert sind, müssen die Endprodukte nicht unbedingt gebrannt werden. Die Trocknungszeit der Tongebilde richtet sich nach ihrer Dicke und nach der Luftfeuchtigkeit. Grundsätzlich gilt für gleich dicke Wände von ungefähr 1 cm eine Trocknungszeit von 14 Tagen.

Annäherung an das Material Ton

Tonschlicker anrühren

Ton gibt es in verschiedenen Farben (rot, weiß oder braun). Stellen die Kinder Tonschlicker in mehreren Farben her, haben sie bei ihren Experimenten mit diesem Material mehr farblich gestalterische Möglichkeiten.

Material: große Wanne, 10 kg Ton, mind. 2-3 Eimer Wasser oder einen Schlauch; evtl. mehrere Löffel
Anzahl: bis 4 Kinder pro Wanne
Alter: ab 4 Jahren

Die Kinder reißen aus dem Ton einzelne kleine Stücke heraus und füllen sie in die Wanne. Wenn fast die gesamte Tonmasse zerkleinert in der Wanne liegt, schütten die Kinder etwas Wasser dazu.
Jetzt kann der Matschspaß beginnen!
Die Kinder krempeln ihre Ärmel hoch oder ziehen sich die Socken aus und kneten oder stampfen den Ton zu Matsch.
Der Ton wird dabei solange mit Wasser verdünnt, bis er eine flüssig-sahnige Konsistenz hat. Ist die Masse zu fest, muss etwas Wasser hinzugefügt werden; ist sie zu flüssig, fehlt noch Ton. Mit dieser angerührten Schlickermasse können die Kinder in den folgenden Angeboten nach Herzenslust experimentieren.
Hinweis: Kleine Mengen Tonschlicker, zum Verbinden einzelner Tonteile, können auch mit einem Löffel in einem kleinen Behälter angerührt werden.

Bilder malen mit Tonschlicker

Material: große Pappen (Waschmaschinen-Kartons, Ausschuss-Drucke – sind oft in größeren Druckereien zu bekommen), Klebeband, dicke Anstreicherpinsel, Tonschlicker (s. o.); evtl. Zweige von Sträuchern, Äste, Stroh o. Ä.
Anzahl: beliebig
Alter: ab 4 Jahren

Als SchlickermalerInnen gemeinsam aktiv zu werden macht großen Spaß!
Dazu wird der Boden mit großformatigen Pappbögen ausgelegt und evtl. mit Klebeband am Boden befestigt.
Die Kinder tauchen die Riesenpinsel in den flüssigen Tonschlicker und hinterlassen spritzend, malend und schmierend gemeinsam ihre Spur auf der ausgelegten Pappe.
Statt der Pinsel können die Kinder Naturmaterialien wie Zweige von Sträuchern, Äste, Heu oder Stroh etc. benutzen, um mit dem Tonschlicker auf der Pappe zu malen.

Varianten

Die Kinder bemalen mit dem Tonschlicker:
● eine große Asphaltfläche
● Baumstämme
● gegenseitig ihre Hände und Füße und hinterlassen ihre Abdrucke auf der Pappe
● gegenseitig ihre Körper und rollen sich anschließend über den Karton, sodass ihre Abdrucke auf der Pappe zu sehen sind.

Antons Massage

Um schöne Erfolge beim Töpfern zu erzielen ist es wichtig, den Ton vorher gut durchzukneten, um ihn geschmeidig zu machen und die Luftlöcher aus ihm herauszupressen. Die folgende Geschichte macht Kinder spielerisch mit diesem wichtigen Bearbeitungsschritt vertraut.

Material: 1 Klumpen Ton pro Kind
Anzahl: beliebig
Alter: ab 4 Jahren

Hallo, ich bin Anton!
Nach langen Irrwegen bin ich heute bei euch auf dem Tisch gelandet. Ihr könnt euch überhaupt nicht vorstellen, welche Strapazen ich über mich ergehen lassen musste, um endlich hier bei euch zu sein.
Zuerst wurde ich von einem riesengroßen Bagger aus der Erde gebaggert. Von dort kam ich in ein großes Sieb und wurde in einer Art Waschmaschine gereinigt. Ihr wisst ja selbst, wie unangenehm es sein kann, wenn ihr beim Duschen kräftig abgeschrubbt werdet. Denn bestimmt wart ihr auch schon einmal so dreckig, dass der Schmutz ohne Bürste und Waschlappen einfach nicht abzubekommen war. Genauso erging es mir.
Aber es kam noch schlimmer: Erst wurde mir eine Art Medizin verabreicht, damit ich so lange fit bleibe und die Reise zu euch überstehe. Ja, und dann wurde ich gestampft, gepresst und schließlich in einen Block geformt und in Folie eingepackt. Ich sage euch, mir war ganz schwindlig und mir brach der Schweiß aus, denn in der Folie war es ziemlich eng.
Aber jetzt liege ich, Anton, hier bei euch auf dem Arbeitstisch. Denkt ihr nicht auch, dass ich mir jetzt eine entspannende Massage verdient habe? Im Augenblick bin ich noch steif und unbeweglich von den vielen Anstrengungen. Ihr wisst bestimmt, wie es ist, wenn ihr aus der Kälte kommt oder nach zu viel Sport einen Muskelkater habt, dann könnt ihr euch kaum noch bewegen, weil euch alles wehtut.

Deshalb werde ich euch nun ein Rezept verraten, mit dem ihr mich massieren und geschmeidig machen könnt, denn bin ich erst einmal geschmeidig, dann könnt ihr später die wunderschönsten Dinge aus mir machen.
Doch zuerst müsst ihr mich kräftig schlagen. Keine Angst, ihr tut mir damit nicht weh. Im Gegenteil. Ich habe zu viel Luft in mir, die mich drückt. Bei euch heißt das, ihr habt Blähungen. Wenn ihr mich fest auf den Tisch schlagt, drückt sich die Luft aus mir heraus und ich fühle mich danach wesentlich wohler.
Anschließend habe ich es ganz gerne, wenn ihr mich kräftig kratzt, indem ihr eure Finger immer wieder tief in meinen Körper bohrt. Merkt ihr, so langsam werde ich immer weicher und geschmeidiger.
Wenn ihr mir zum Abschluss noch einige kleine Schläge verpasst und mich kräftig beklopft, ist die Tonmassage perfekt. Jetzt bin ich zu allem bereit: Ihr könnt aus mir formen, was euch gefällt. Und egal was – es wird bestimmt wunderschön!

Ton blind erleben

Die taktilen Reize sind beim Umgang mit Ton besonders stark. Um dieses Erleben des Tastsinns bewusster zu machen, wird hier die Wahrnehmung über die Augen ausgeschlossen.

Material: 1 Stück Ton pro Kind, Augenbinden
Anzahl: beliebig
Alter: ab 4 Jahren

Den Kindern werden die Augen verbunden und sie erhalten alle ein Stück Ton.
Nun formen die Kinder mit verbundenen Augen einen beliebigen Gegenstand ihrer Vorstellung. Ist das Formen abgeschlossen, geben sie ihren Gegenstand mit verbundenen Augen im Uhrzeigersinn an das nächste Kind weiter. Dieses versucht nun durch Ertasten den unbekannten Gegenstand zu erkennen: Wie fühlt er sich an? Gibt es besondere Ecken und Kanten oder Rundungen? Woran erinnert mich das Gebilde?
Anschließend lösen die Kinder einander die Augenbinden. Sicherlich sind sie überrascht, wenn ihre Vorstellung und das geformte Objekt stark voneinander abweichen.
Jetzt können sie auch ihre eigene Form betrachten, die vor ihrem Nachbarn liegt. Sieht sie wirklich so aus, wie gedacht?

Gefühle in Ton

Es ist wichtig, Kinder nicht sofort mit konkreten Gestaltungsarbeiten zu konfrontieren, sondern sie zunächst frei experimentieren zu lassen, denn nur so knüpfen sie Kontakt mit dem Material. Hier können sie zwanglos den Ton dazu benutzen ihren Gefühlen Ausdruck zu verleihen – die Impulse dafür gibt ihnen die Musik.

Material: 1 Klumpen Ton pro Kind, Musik
Anzahl: beliebig
Alter: ab 4 Jahren

Die Spielleitung gibt jedem Kind einen Klumpen Ton und stellt die Musik an.
Die Kinder formen und bearbeiten den Ton nach den Klängen der Musik.
Empfinden die Kinder die Musik als beruhigend, können sie den Ton z. B. liebevoll streicheln und glätten usw.
Wirkt die Musik eher aggressiv auf sie, könnten sie den Ton mit beiden Fäusten zu einem flachen Kuchen schlagen oder den Ton immer wieder auf die Erde werfen...

Variante

Ältere Kinder gestalten vielleicht auch eine Figur, ein Symbol o. Ä., das für ihre Gefühle zur Musik steht – der Phantasie sind dabei keine Grenzen gesetzt.

Matsch-Meditation

Material: 1 faustgroßer, matschiger Klumpen Ton pro Kind
Anzahl: beliebig
Alter: ab 4 Jahren

Die Kinder nehmen in einem Kreis eine für sie bequeme Sitz- oder Liegestellung ein und schließen die Augen.
Sie erhalten einen handgroßen, feuchten Matschklumpen.
Die Spielleitung liest langsam und ruhig den folgenden Meditationstext vor:

Ein Klumpen liegt in deiner Hand. Deine Finger ertasten ihn vorsichtig. Du streichelst ganz langsam über den Klumpen.
Wie fühlt er sich an? Ist er rau oder glatt, feucht oder trocken? Ist er warm oder kalt, eckig oder kantig?
Du hältst den Klumpen in deiner offenen Hand. Ist er schwer oder leicht?
Langsam bohren sich deine Finger in den matschigen Klumpen. Du greifst richtig in den Matsch hinein und formst den Klumpen nach deiner Vorstellung.
Nun lege dich auf den Rücken.
Setze den geformten Matschklumpen auf deine Stirn.
Wie fühlt sich der Ton auf deiner Stirn an? Ist er kalt oder warm? Ist er schwer?
Verteile nun den Matsch auf deiner Stirn und bleibe eine Weile so liegen.
Merkst du, wie der Matsch auf deiner Stirn trocknet? Der Matsch spannt deine Stirn.
Bleibe noch eine kurze Weile so liegen und stell dir noch einmal vor, wie der Ton sich in deinen Händen und auf der Stirn langsam verändert hat; was hast du dabei gefühlt?
Nimm den Ton wieder von der Stirn und öffne die Augen.
Zum Abschluss setzen sich alle Kinder wieder in den Kreis und erzählen sich gegenseitig, wie sich ihr Tonklumpen angefühlt hat.

Was passiert, wenn...?

Material: 1 Klumpen Ton pro Kind, Naturmaterialien (z. B. Sand, getrocknete Blütenblätter, Heu, Stroh, Körner, Erde, Farbpigmente usw.)
Anzahl: beliebig
Alter: ab 4 Jahren

Jedes Kind erhält einen Klumpen Ton.
Es reißt etwas von seinem Tonklumpen ab, sucht sich ein Naturmaterial aus und knetet es in sein Tonstück ein. Wenn es genügend damit experimentiert hat, sucht es sich ein anderes Material für das nächste Tonstück aus, bis es aus seinem Tonklumpen viele verschiedene „Ton-Mischungen" produziert hat.
Anschließend untersuchen die Kinder auch die Tonklumpen ihrer NachbarInnen und tauschen gegenseitig ihre Erfahrungen aus:
● Was passiert, wenn Sand oder Blätter, Heu oder Farbe in Ton eingeknetet werden?
● Wie fühlen sich die neuen Materialien an?
● Wie verändert der Ton sein Aussehen?
● Wie beeinträchtigen die einzelnen Zugaben das Verarbeiten des Tons?

Marmorierter Ton

Material: je 1 faustgroßer Klumpen weißer, roter und schwarzer Ton, Becher mit Wasser
Anzahl: beliebig
Alter: ab 3 Jahren

Von allen drei Tonklumpen zupfen die Kinder sich einen kleinen Teil ab und kneten alles zu einem Stück zusammen.
Dabei erleben die Kinder das Entstehen von marmoriertem Ton.
Sie kneten, drücken oder rollen ihn und experimentieren so mit dem farbigen Ton auf verschiedene Weise.
Die Kinder beobachten, dass die entstandene Marmorstruktur verloren geht, je länger sie kneten und je öfter sie ihre Finger anfeuchten.

Matschmonster heiße ich

Musik und Text: Jakobine Wierz

Refrain

Matsch - mons - ter hei - ße ich. Vie - le von euch ken - nen mich.

Wie du mich er - kennst fragst du? Hör gut zu:

Strophe

Pfü - tzen sind mein Lieb - lings - platz, hi - nein spring' ich mit 'nem Satz.

Oh, wie ist das wun - der - voll, wenn das Was - ser spritzt ganz doll.

Refrain:
Matschmonster heiße ich.
Viele von euch kennen mich.
Wie du mich erkennst fragst du?
Hör gut zu:

1. Pfützen sind mein Lieblingsplatz,
hinein spring ich mit 'nem Satz.
Oh, wie ist das wundervoll,
wenn das Wasser spritzt ganz doll.

2. Doch nicht nur das Wasser spritzt,
auch viel Lehm im Wasser ist.
Oh, wie ist das wundervoll,
wenn der Lehm dann spritzt ganz doll.

3. Lehm mit Wasser nennt man Schlamm,
darin man sich wälzen kann.
Oh, wie ist das wundervoll,
wenn der Schlamm dann spritzt ganz doll.

4. Ferkel schimpfen mich die Leut,
die versteh'n nicht meine Freud.
Oh, wie ist das wundervoll,
wenn der Matsch dann spritzt ganz doll.

5. Sauereien lieb ich sehr,
mantschen, panschen noch viel mehr.
Oh, wie ist das wundervoll,
wenn ich es genieß ganz doll.

Experimentieren mit grundlegenden Tontechniken

Experimente mit der Kugeltechnik

Material: 1 Klumpen Ton pro Kind, Becher mit Wasser, Tonschlicker (s. S. 26); evtl. Stricknadel und Nadel

Anzahl: beliebig

Alter: ab 4 Jahren

Kugeln aus Ton zu formen lieben Kinder ganz besonders, weil durch das Drehen unterschiedliche taktile Empfindungen hervorgerufen werden. Zum Beispiel trocknet während des Formens der nasse Ton an der Hand, gleichzeitig ist die Kugel aber noch feucht und formbar. Außerdem geben Tonkugeln Anlass zu den verschiedensten Gestaltungsmöglichkeiten. Kinder formen dicke, dünne, große und kleine Kugeln und verwenden sie ganz unterschiedlich:

- Sie höhlen die Kugeln aus.
- Sie formen kleine, murmelgroße Kugeln, bohren mit der Stricknadel jeweils ein Loch durch und erhalten so Perlen.

- Sie schlagen eine Tonkugel mit der flachen Hand platt und stechen mit einer Nadel zwei kleine Löcher hinein, sodass ein Knopf entsteht.
- Kleine Schälchen stellen die Kinder aus mehreren flach gepressten Kugeln her, die sie mit etwas Tonschlicker miteinander verbinden und in der gewölbten Hand formen.
- Zwei verbundene Kugeln ergeben Körper und Kopf eines Menschen oder Tieres. Durch ausformen und anfügen typischer Körperteile gestalten sie diese Grundform weiter aus. So entstehen Tonfiguren aller Art: Phantasiegestalten, Katzen, Elefanten, Vögel usw.
- Häufen die Kinder gemeinsam viele Kugeln an, entsteht ein Berg, stapeln sie viele Kugeln übereinander, bauen sie einen Turm usw.

Hinweis: Besonders schöne Effekte entstehen gerade bei Perlen oder Knöpfen, wenn verschiedenfarbiger Ton zu Kugeln gerollt wird.

Experimente mit der Wulsttechnik

Ebenso beliebt wie das Drehen von Kugeln ist das Rollen von Wülsten. Ähnlich wie bei der Kugeltechnik stellen die taktilen Erfahrungen einen intensiven Kontakt zum Material Ton her.

Material: 1 Klumpen Ton pro Kind, Becher mit Wasser, Modellierhölzer; evtl. Pappe oder Karton
Anzahl: beliebig
Alter: ab 4 Jahren

Jedes Kind erhält einen Klumpen Ton und rollt daraus Tonschlangen, auch Wülste genannt.
Diese Schlangen reizen Kinder immer wieder zu neuen Ideen:

- Sie veranstalten Wettbewerbe, wer die längste, dünnste oder dickste Schlange rollt.
- Sie verbinden die Tonschlangen miteinander zu einer Riesenschlange.
- Sie legen mit den Schlangen ein Labyrinth, aus dem Spielzeugautos heraus finden müssen.
- Sie rollen die Wülste zu Schnecken.
- Sie legen die Wülste zu Ornamenten o. Ä.
- Mit den Tonwülsten malen sie großflächig auf Pappe oder Karton. Dazu halten sie den leicht angefeuchteten Wulst wie einen Stift in der Hand und führen ihn mit etwas Druck über die Malfläche oder sie rollen ihn mit leichtem Druck darüber.

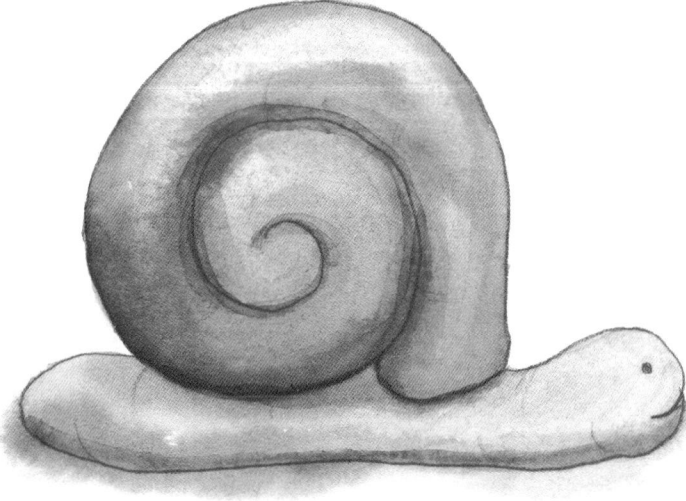

Experimente mit der Plattentechnik

Wie die Kugel- und Wulsttechnik ist auch das Gestalten mit Platten eine Grundtechnik im Umgang mit Ton, mit der Kinder spielen, matschen und experimentieren können.

Material: 1 Klumpen Ton pro Kind, Nudelholz, Geschirrtuch zum Tisch abdecken, kleines Messer, Becher mit Wasser, Modellierhölzer, Tonschlicker (s. S. 26)
Anzahl: beliebig
Alter: ab 4 Jahren

Jedes Kind erhält einen Klumpen Ton.
Dieser wird zuerst geschmeidig geknetet, damit die Luft entweicht, flach gedrückt und anschließend mit dem Nudelholz gleichmäßig ausgerollt. Das ist gar nicht so leicht, denn dafür müssen die Kinder den Ton mehrmals von einer Seite auf die andere drehen, damit er von beiden Seiten wie ein Kuchen ausgerollt werden kann. Damit der Ton dabei nicht an der Tischplatte kleben bleibt, legen die Kinder zum Ausrollen das Küchentuch unter.
Nun können sie mit dem Messer einzelne Platten zuschneiden.
Kinder sind erfinderisch, wenn es darum geht den Platten eine sinnvolle Verwendung zu geben:

- Sie rollen sie zu einer Röhre und benutzen sie als Fernrohr.
- Sie verwenden sie als Tafel, indem sie Zeichnungen und Muster in die Tonplatte einritzen.
- Streichholzschachtelgroße Tonplatten ritzen die Kinder an den Seiten an und setzen sie mit etwas Tonschlicker dazwischen zu einem Mauerwerk aneinander.
- Sie schneiden aus der Mitte einer Platte ein Stück heraus, sodass sie als Fenster oder Rahmen dient.

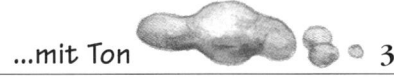

Drucken auf Ton

Material: Ton, Nudelholz, Geschirrtuch, Becher mit Wasser, Spitzenstoff, altes Häkeldeckchen, Wellpappe oder andere Stoffe mit Struktur
Anzahl: beliebig
Alter: ab 4 Jahren

Die Kinder schlagen den Ton und kneten ihn, sodass er schön geschmeidig wird.

Mit dem Nudelholz wird der Tonklumpen eines jeden Kindes auf dem Geschirrtuch zu einer 1 cm dicken Tonplatte ausgerollt.

Die verschiedenen Tonplatten verbinden die Kinder durch Verschmieren des Tones an den Rändern zu einem riesigen Tonteppich, auf dem sie mit Mustern experimentieren können:

Sie legen dazu die verschieden strukturierten Stoffe und Pappen auf den Ton und rollen mit dem Nudelholz darüber.

Entfernen sie die Materialien, begutachten sie die verschiedenen Abdrücke. Gefällt ihnen ein Abdruck nicht, können sie mit nassen Fingern über den Ton reiben. Dadurch verschwindet das Muster wieder.

Die Kinder können auch mehrere Muster miteinander kombinieren oder über bestehende Muster hinweg rollen, sodass sich neue Strukturen bilden.

Gemeinsam lassen die Kinder so einen riesigen Musterteppich entstehen.

Ton und Naturmaterialien

Material: 1 Klumpen Ton pro Kind, Becher mit Wasser, Tisch, Nudelholz, Naturmaterialien (z. B. Blätter, Rinden, Federn, Ähren, Früchte, leeres Schneckenhaus usw.)
Anzahl: beliebig
Alter: ab 4 Jahren

Die Kinder begeben sich draußen auf die Suche nach Materialien, die interessante Abdrücke im Ton hinterlassen können.

Haben sie genügend Naturmaterialien gesammelt, erhält jedes Kind einen großen Klumpen Ton.

Dieser wird geschmeidig geknetet und mit den Händen platt gedrückt. Dabei muss der Ton mehrmals von einer Seite auf die andere gedreht werden, damit er sich immer wieder von der Tischplatte lösen lässt.

Hat die so entstandene Tonplatte eine Dicke von ungefähr 1 cm, drücken die Kinder ihre Naturmaterialien in den Ton ein oder rollen mit dem Nudelholz darüber. Dabei können sie die Abdrücke beobachten, die sie im Ton hinterlassen.

Nach Lust und Laune kombinieren sie unterschiedliche Materialspuren frei miteinander oder setzen sie übereinander, sodass ein bunter Wirrwarr von Abdrücken entsteht.

Variante

Die Kinder nehmen ihren Tonklumpen mit nach draußen und machen ihre Abdrücke direkt vor Ort, sie drücken den Ton z. B. in Baumrinde, auf Steine usw.

Aus dieser Aktion kann sich auch ein Spiel entwickeln:

Jedes Kind sucht in der Natur nach einem Gegenstand und macht davon einen Tonabdruck.

Nach einer vereinbarten Zeit treffen sich alle Kinder wieder. Nun beginnt das wechselseitige Raten: Welche Naturgegenstände gehören zu welchem Abdruck?

Anschließend kneten die Kinder den Tonklumpen mit etwas Wasser und suchen einen neuen Gegenstand.

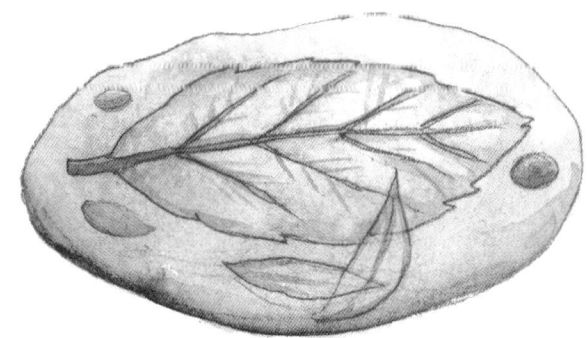

Gestalten mit Ton

Stein im Tonmantel

Material: 1 größerer Felsbrocken (Findling), Ton (Menge je nach Größe des Findlings, mind. 60 kg Ton), mehrere Eimer mit Wasser, kleines Messer oder Stöckchen zum Einritzen

Anzahl: beliebig

Alter: ab 4 Jahren

Der Findling wird von allen Seiten dick mit Ton eingeschmiert. Dabei sind der Gestaltungsfreiheit der Kinder keine Grenzen gesetzt: Sie können den Stein z. B. mit zusätzlichen Tonfiguren dekorieren oder Muster in den Ton einritzen usw.

Ist die Tonskulptur zu aller Zufriedenheit fertig gestellt, wird der Stein den Kindern einige Überraschungen bieten. Das Kunstwerk wird sich im Laufe der Trocknungszeit immer wieder verändern – ja der Stein wird sich am Ende aus seinem Mantel befreien!

Hinweis: Die Trocknungszeit richtet sich dabei nach der Witterung und nach der Dicke der Tonwand; minimale Trocknungszeit: 5 bis 6 Tage.

Baumfratzenwald

Ton kann auch gestaltend in der Natur erlebt werden. Draußen unter freiem Himmel zu gestalten kann für Kinder ein ganz besonderes Erlebnis sein.

Material: 1 Klumpen Ton pro Kind, Becher mit Wasser, Naturmaterialien (z. B. Federn, Sand, Hölzer, Steine usw.)

Anzahl: beliebig

Alter: ab 4 Jahren

Die Spielleitung sucht mit den Kindern ein Wäldchen oder einen Park auf, in dem es einige einander nahe stehende Bäume gibt.

Hier modellieren die Kinder an die Baumstämme mit ihren Tonklumpen Fratzen.

Dazu drücken sie zuerst einen Klumpen Ton als Kopf an den Stamm.

Anschließend erhält dieser Kopf Nase, Ohren, Mund und Augen. Am besten formen die Kinder diese aus dem Klumpen heraus. Werden sie auf den Kopf aufgesetzt, müssen sie an der Ansatzfläche angeraut und mit etwas Wasser eingeschlickert werden. Nur dann bleibt z. B. die Nase am Kopf haften.

Die Tonköpfe können mit Naturmaterialien noch weiter ausgeschmückt werden.

Sicher entstehen so die verschiedensten Formen und Fratzen: lustige, traurige, wütende, mit dicken oder langen Nasen, mit langen oder kurzen Haaren usw.

Ob die Gesichter im Baumfratzenwald wohl übereinander lachen oder sich gegenseitig die Zunge herausstrecken? Der Phantasie der Kinder sind dabei keine Grenzen gesetzt.

Phantasieburg

Material: 1 großer Klumpen Ton pro Kind, 1 Sperrholzplatte pro Tisch, Becher mit Wasser, Modellierhölzer, Naturmaterialien (z. B. Federn, Steine, Sand, Holz usw.)

Anzahl: max. 6 Kinder pro Tisch

Alter: ab 5 Jahren

Bis zu sechs Kinder sitzen jeweils um einen Tisch herum, auf dem eine Sperrholzplatte liegt. Jedes Kind erhält einen großen Klumpen Ton und beginnt von seiner Tischseite aus an der Phantasieburg zu arbeiten. Dabei modellieren die Kinder z. B. Burgwände, Schutzwalle, Häuser, Türme, Bögen usw. – wie die Phantasie es ihnen eingibt.

Zusätzlich arbeiten sie die verschiedenen Naturmaterialien in den Ton mit ein.

Ein besonderer Reiz liegt bei dieser gemeinsamen Gestaltung darin, dass die Kinder von allen Seiten aufeinander zu bauen und zum Schluss ihre Gebilde zu einer Phantasieburg verbinden können

Variante

Die Kinder bauen eine Stadt aus Ton. Ältere Kinder bilden ihre Stadt oder ihr Stadtviertel nach. Sie überlegen vorher, wie ihre Stadt genau aussieht: Was gehört alles in eine Stadt? Wo sollen die Straßen verlaufen, wo gibt es welche Geschäfte, wo einen Park?

Riesentonplastik

Material: mind. 8 m Maschendraht, Zange,
Drahtschere, Äste, Ruten, Stämme,
mind. 100 kg Ton, Eimer mit Wasser
Anzahl: beliebig
Alter: ab 5 Jahren

Aus dem Draht biegt die Spielleitung mit den
Kindern ein abstraktes oder gegenständliches
Gerüst. Zusätzlich können sie auch Äste, Ruten
oder Stämme verwenden. Der so entstandene
Rohling stellt das Grundgerüst für die spätere
Tonfigur dar.

Anschließend kneten die Kinder den Ton um
das Gerüst herum auf den Draht. Dazu zupfen
sie kleine Stücke vom Klumpen ab, tauchen ihn
kurz in Wasser und schmieren ihn dann über
das Gerüst.

Nach und nach bedecken die Kinder auf diese
Weise das gesamte Gerüst mit Ton. Sie formen
einzelne Teile aus oder setzen an einigen Stellen
mehr Ton an und hauchen so der Skulptur
Leben ein.

Hinweis: Die Trocknungszeit richtet sich nach
dem Standort (drinnen oder draußen) und nach
der Dicke der Wände; mind. 6 bis 8 Tage.

Höhle aus Ton

Bei vielen alten Bauwerken ist heute noch zu sehen, dass die Wände aus Ton und Stroh gebaut wurden. Bei diesem Angebot können Kinder erleben, wie aus Ton, Stroh und Gras stabile Wände entstehen.

Material: mind. 12 m Maschendraht, Drahtschere, 100 kg Ton, Eimer mit Wasser, Stroh, Heu, große Wasserwanne

Anzahl: beliebig

Alter: ab 5 Jahren

Aus dem Maschendraht schneidet die Spielleitung mehrere Bahnen.

Gemeinsam mit den Kindern verbindet sie die Bahnen und biegt sie zu einer Hohlform, die das Gerüst für die Höhle bildet.

Die Kinder kneten in der Wasserwanne eine feste Masse aus Ton, Wasser, Stroh und Heu.

Diesen Tonteig verschmieren die Kinder mit den Händen über der Oberfläche des Drahtes, sodass nach und nach eine geschlossene Tondecke über dem Draht entsteht und eine schutzgebende Höhle erscheint.

Die Höhle muss mind. eine Woche trocknen, danach können die Kinder sie bewohnen und in ihr spielen.

Spiele mit Tonmatsch

Matschmulden zielen

Material: Lehmboden, Schaufel, Wasser, kleine
Stöckchen, kleine (Kiesel-)Steine
Anzahl: beliebig
Alter: ab 4 Jahren

In den Lehmboden werden mit einer Schaufel
nebeneinander Kuhlen in der Anzahl der Kinder
gegraben.

Die Kinder füllen die Kuhlen mit Wasser und
rühren darin mit den Stöckchen herum, bis die
Mulde matschig wird.

In einem Abstand von ungefähr 3 Metern wird
parallel zu den Kuhlen eine Wurflinie gezogen,
hinter der sich alle Kinder aufstellen.

Jedes Kind erhält fünf Steine, mit denen es in
sein matschiges Kuhlenloch zielt.

Welchem Kind gelingt es, alle fünf Steine in der
matschigen Lehmsoße zu platzieren?

Bei diesem Spiel dreht sich natürlich alles um
die hohen Matschspritzer, wenn die Steine in die
Lehmsoße platschen – sie werden bei den Kindern große Begeisterung hervorrufen!

Wett-Matsch-Schaufeln

Material: Becher (entsprechend der Spiele-
rInnen-Anzahl), Wannen (doppelt
so viele wie Teams), Tonschlicker
(s. S. 26, entsprechend der Wannen-
größe)
Anzahl: beliebig
Alter: ab 4 Jahren

Die SpielerInnen bilden zwei oder mehr gleich
starke Teams.

Jedes Kind erhält einen leeren Becher.

In einem Abstand von ungefähr 1 Meter wird vor
jeder Gruppe eine leere Wanne aufgestellt und
direkt neben jedes Team eine mit Tonschlicker
gefüllte Wanne.

Die Aufgabe der Teams besteht darin, gleichzeitig mit allen SpielerInnen in einem festge-
setzten Zeitrahmen mit den Bechern so viel Tonschlicker wie möglich in die leere Wanne zu
schaufeln. Dabei kommt es zu einer regelrech-
ten Schlammschlacht!

Gewonnen hat das Team, das in seiner Ziel-
Wanne nach Spielablauf den meisten Tonschlicker vorweisen kann.

Hinweis: Dieses Spiel ist umso lustiger, je matschiger und schmieriger die Kinder den Tonschlicker anrühren.

Matsch balancieren

Material: Becher (entsprechend der Spiele-
rInnen-Anzahl), Rundholzstäbe
(1 m lang, Durchmesser 1 cm,
doppelt so viele wie SpielerInnen),
Tonschlicker oder Matsch

Anzahl: mind. 2 SpielerInnen

Alter: ab 5 Jahren

Die Spielleitung legt Start- und Ziellinie fest.
Hinter der Startlinie stellen sich die SpielerInnen
in einer Reihe nebeneinander auf.

Alle Kinder erhalten zwei Stäbe und einen
Becher, der randvoll mit Tonschlicker oder
Matsch gefüllt ist.

Dieser soll nun mit Hilfe der beiden Stäbe zur
Ziellinie balanciert werden. Keine Frage, dass
dabei der Becher herunterfallen kann und der
Matsch in alle Richtungen spritzt – viel Spaß
beim Verschlabbern!

Gewonnen hat, wer zuerst mit einem noch vol-
len Becher ins Ziel kommt.

Variante

Mit älteren Kindern kann das Spiel als Staffellauf
durchgeführt werden:

Es werden zwei Teams gebildet.

Die Spielleitung legt eine Ziellinie fest.

Die SpielerInnen eines Teams stellen sich jeweils mit einem Abstand von 3 Metern in einer
Reihe hintereinander auf.

Alle Kinder erhalten zwei Stäbe und das erste
Kind in beiden Teams den mit Matsch gefüllten
Becher.

Auf ein Zeichen hin nimmt das erste Kind den
Becher zwischen die beiden Stäbe und läuft los
zum nächsten Spieler seines Teams, um ihm den
Becher zu übergeben – klappt die Übergabe,
ohne die Hände zu benutzen?

Fällt der Becher auf den Boden, muss das Team
mit einem neuen Becher von vorn beginnen.

Gewonnen hat das Team, dessen voller Matsch-
Becher vom letzten Spieler als erstes über die
Ziellinie balanciert wird.

Haarschlammpackung

Material: 2 kleine Eimer, Matsch
Anzahl: beliebig
Alter: ab 4 Jahren

Die Spielleitung legt zwei Linien in einem Abstand von ca. 10 Metern fest und bildet zwei gleich große Teams.
Jedes Team teilt sich wiederum in zwei Gruppen auf.
Diese stellen sich einander gegenüber hinter jeweils einer der beiden Linien auf.
Vor dem ersten Spieler eines jeden Teams steht ein Eimer, randvoll mit flüssigem und glitschigem Matsch gefüllt. Er muss nun den Eimer auf dem Kopf zu seinen MitspielerInnen auf der anderen Seite transportieren – natürlich dürfen die Kinder dabei den Eimer mit den Händen festhalten.
Dort angekommen gibt der Spieler den Eimer an den nächsten Mitspieler ab, der ihn wieder zu der anderen Linie balancieren muss.
Das Spiel ist beendet, sobald alle SpielerInnen eines Teams den Eimer einmal balanciert haben. Gewonnen hat dabei das Team, das am schnellsten einen ganzen Durchlauf beendet hat. Aber aufgepasst: Je schneller die SpielerInnen sich bewegen, desto mehr Matsch schlabbert aus dem Eimer heraus und sorgt für eine matschige Schlammpackung!

Verborgene Schätze

Material: 1 große Wanne, Matsch oder Tonschlicker, viele kleine Perlen und Münzen usw.
Anzahl: 2-4 SpielerInnen pro Wanne
Alter: ab 3 Jahren

Die Wanne wird von der Spielleitung mit Matsch gefüllt. Darin versteckt sie etliche Perlen und Münzen.
Die Kinder versammeln sich um die Wanne und beginnen mit den Händen nach den Schätzen zu wühlen.
Das Ziel des Spiels besteht darin, so schnell wie möglich alle Perlen und Münzen aus dem Schlamm zu bergen. Gewonnen hat das Kind, das zum Schluss die meisten Schätze gesammelt hat. Damit ist die Schlammschlacht vorprogrammiert – viel Spaß!

Tonball-Kegeln

Statt einem Bowlingball wird hier zum Kegeln ein Tonball benutzt. Diese Form des Kegelns stellt die Kinder vor neue Herausforderungen.

Material: 9 Plastikflaschen, 1 Tonball
Anzahl: mind. 2 SpielerInnen
Alter: ab 4 Jahren

Die Kinder stellen etwa 3 Meter von sich entfernt die Plastikflaschen eng nebeneinander auf. Eine der Flaschen ist dabei mit Wasser gefüllt.
Die SpielerInnen kegeln nacheinander mit dem Tonball gegen die Flaschen. Jedes Kind hat dazu drei Würfe zur Verfügung.
Jede umgefallene Flasche zählt aber nur dann als ein Punkt, wenn auch die mit Wasser gefüllte Flasche dabei umgeworfen wird.
Die Kinder werden schnell merken, dass das Kegeln mit einem glitschigen Tonball gar nicht so einfach ist und für viel Matscherei sorgt.
SiegerIn ist, wer nach seinem dritten Wurf die meisten Punkte von allen gesammelt hat.

Matschen, Schmieren, Spielen und Gestalten

...mit Sand

Wer hat nicht schon einmal Urlaub am Strand gemacht und ist dort mit nackten Füßen durch den warmen Sand gelaufen, begeistert von dem herrlichen Gefühl des leicht nachgebenden Sandes, in dem sich unsere Fußspuren abzeichnen?

„Deine Spuren im Sand" heißt nicht umsonst ein bekannter Schlager, denn gerade das Material Sand ist hervorragend dazu geeignet auf Spurensuche zu gehen und vor allem selbst Spuren zu legen. Dabei machen wir unterschiedliche taktile Erfahrungen: Ist der Sand feucht, graben sich unsere Zehen sehr schnell in den Boden ein und hinterlassen ihren Abdruck. Ebenso schnell kann diese Spur verschwunden sein, wenn eine kleine Meereswelle den Strand erobert. Ist der Sand trocken, so bilden sich Schritt für Schritt kleine Vertiefungen, die sich rasch wieder mit Sand füllen.

Kinder hinterlassen ihre Spuren im Sand auf viel kreativere Art und Weise: Da wird in den Sand gezeichnet, geschaufelt und gegraben, Sandhügel werden errichtet, Gegenstände vergraben, Burgen geformt, Sandkuchen gebacken und Staudämme konstruiert. In den Aktivitäten der Kinder ist Sand nicht nur ein Bodenbelag, sondern ein kreatives Medium, mit dem sie sich lustvoll matschend und gestaltend beschäftigen. Durch seine Beschaffenheit sowohl im trockenen als auch im feuchten oder nassen Zustand ermöglicht das Material Sand eine Vielzahl von Spielvarianten und Gestaltungsmöglichkeiten.

Annäherung an das Material Sand

Beobachtungsspiele zum Ausprobieren

Material: großer Sandkasten oder Bottich mit Sand, Wasser, Gießkanne
Anzahl: beliebig
Alter: ab 3 Jahren

In einem großen Sandkasten oder einem großen mit Sand gefüllten Bottich machen die Kinder erste taktile Erfahrungen im Umgang mit dem Material Sand:

- Sie lassen trockenen Sand durch die Finger rieseln.
- Sie nehmen sich eine Hand voll Sand und versuchen ihn wegzublasen. Vorsicht, dass dabei niemand Sand ins Auge bekommt!
- Sie laufen mit ihren nackten Füßen durch den Sand. Wie fühlt er sich an? Gibt es Stellen, wo er wärmer ist?
- Sie bohren ihre Zehen so tief in den Sand hinein, dass der Fuß nicht mehr zu sehen ist. Wie fühlt sich der Sand dabei an?
- Sie befeuchten den Sand mit Wasser. Wieder greifen sie in den Sand hinein und versuchen ihn durch die Hände rieseln zu lassen. Was hat sich durch das Wasser verändert?
- Sie gehen mit ihren nackten Füßen durch den feuchten Sand. Wie fühlt er sich gegenüber dem trockenen Sand an den Füßen an?
- Sie bohren ihre nackten Zehen in den feuchten Sand. Hat sich gegenüber dem trockenen Sand etwas verändert?

Der Sandmann

Material: möglichst große Sandfläche, Gartenschlauch, Handtuch
Anzahl: beliebig
Alter: ab 3 Jahren

Mit dem Gartenschlauch spritzen sich die Kinder abwechselnd nass und schubsen sich gegenseitig – vorsichtig – in den Sand. Auf der Sandfläche rollen sich die Kinder hin- und her. Dabei bleibt der Sand vollständig auf der nackten Haut kleben. Wie fühlen sich die Kinder als „Sandmann" oder „Sandfrau"?
Zum Abschluss spritzen sich die Kinder wieder mit dem Gartenschlauch ab oder lassen den Sand trocknen und klopfen ihn einfach mit den Händen ab.
Wie fühlt es sich an, wenn der Sand mit einem Handtuch von der Haut abgerubbelt wird?

Sandstalagmiten

Material: Sand, Wasser, großer Bottich
Anzahl: max. 4 Kinder pro Bottich
Alter: ab 3 Jahren

Die Kinder vermischen mit ihren Händen Sand und Wasser in dem Bottich zu einem Brei.
Diese Mischung lassen sie durch die Hände immer wieder an der gleichen Stelle auf den Boden tropfen. Dadurch wächst der getröpfelte Sandbrei zu einem hohen Turm einer Tröpfelstalagmite an.
Arbeiten mehrere Kinder nebeneinander, kann auf diese Weise auch eine Burg mit mehreren Türmen entstehen.

Eingebuddelt!

Im Sand macht es Kindern immer wieder viel Spaß ihre Arme oder Beine zu verbuddeln. Wer FreundInnen mit viel Energie hat, kann sich von ihnen so in den Sand einbuddeln lassen, dass nur noch der Kopf zu sehen ist.

Material: Sand, Schaufeln, Eimer, Fotoapparat
Anzahl: beliebig
Alter: ab 5 Jahren

Zunächst buddeln die Kinder ein tiefes, breites Loch in den Sand, in das sich ein Kind setzen darf.

Die anderen schütten das Loch mit vielen Eimern voll Sand zu und buddeln das darin sitzende Kind auf diese Weise ein. Vorsicht, dass dabei niemand Sand in die Augen bekommt!

Zum Schluss muss die Spielleitung das eingebuddelte Kind, von dem nun nur noch der Kopf zu sehen ist, unbedingt fotografieren!

Sandbadewanne

Material: Sandstrand am Meer oder See, Eimer, Schaufeln; evtl. 1 Plastikplane
Anzahl: beliebig
Alter: ab 4 Jahren

Mit Schaufeln, Eimern und Händen graben die Kinder in feuchtem Sand eine tiefe Mulde, in die sich mind. eines der Kinder hineinlegen kann. Wichtig ist, dass sie die Muldenwand dabei mit Schaufeln und Händen zu einer festen Sandwand schlagen.

Ist die Mulde fertig, füllen die Kinder sie mit Wasser. Dazu müssen sie möglichst schnell hintereinander viele Eimer Wasser in die Mulde gießen. Ist die Sandbadewanne mit Wasser gefüllt, können die Kinder abwechselnd darin plantschen.

Hinweis: Das Wasser versickert schnell und es muss immer neu für Wassernachschub gesorgt werden. Je fester die Muldenwand ist, desto länger dauert es, bis das Wasser versickert.

Variante

Die Kinder legen die Mulde mit einer Plastikplane aus und füllen sie erst dann mit Wasser. So ist zwar die direkte Berührung mit dem Sand nicht mehr gegeben, dafür hält sich das Wasser aber länger in der Wanne.

Leinwand aus Sand

Material: Sandfläche, 1 Holzstöckchen pro Kind, mehrere Eimer Wasser, Naturmaterialien (z. B. Muscheln, Gräser, Hölzer, Steine usw.)
Anzahl: beliebig
Alter: ab 4 Jahren

Mit den Holzstöckchen zeichnen die Kinder Bilder in den feuchten Sand. Sie führen ihr Stöckchen über die große Freiluft-Sandleinwand und gestalten so ein großes Gemeinschaftsbild.

Gefällt den Kindern das gemalte Bild oder Teile davon noch nicht, gießen sie einfach Wasser über die gestaltete Malfläche und das Bild verschwindet.

Um einen ganz glatten Malgrund zu erhalten, streichen die Kinder die Fläche zusätzlich mit ihren Händen glatt.

Besonders schön wirken die Sandzeichnungen, wenn die Kinder sie mit Naturmaterialien dekorieren und ausgestalten.

Die kleinen Planetenkristalle

An jedem klaren Abend, wenn ihr hoch zum Himmel schaut, könnt ihr sie sehen: große und kleine Sterne am Himmelszelt, große und kleinere Planeten. Wir wissen, dass sie Millionen Lichtjahre von uns entfernt sind. Auf einigen wird Leben vermutet, andere dagegen weisen keine Lebenszeichen auf. Vor mehreren Millionen Jahren schaute ein kleiner Stein, der auf einem dieser einsamen, unbewohnten Planeten wohnte, hinunter zur Erde. Dort beobachtete er die vielen Ereignisse, die sich Tag für Tag auf der Erde abspielten. Sein Blick fiel regelmäßig auf die gleiche Stadt. Es war eine große Stadt, die direkt am Meer gelegen war. Sowohl in der Stadt als auch am Strand herrschte ein großes Gewimmel: Menschen hasteten durch enge Straßen und viele Autos fuhren hin und her. Manche Leute lagen am Strand in der Sonne, Kinder trafen ihre Freunde und spielten miteinander.

Da wurde der einsame kleine Stein ganz traurig. Er wünschte sich nichts sehnlicher als einmal die Erde zu besuchen. So sehr er auch seinen Planeten liebte – der kleine Stein hatte Fernweh. Er beschloss seinen ganzen Mut zusammenzunehmen und sich fallen zu lassen. Sein Herz pochte vor Angst furchtbar laut. Er nahm Schwung, ging in die Knie, stieß sich mit aller Kraft vom Boden ab und schon begann der kleine Stein zu schweben. Er taumelte tausende von Jahren durch den Weltraum. Er fiel und fiel. Dem Stein blieb nichts anderes übrig, als sich vom Wind einfach tragen zu lassen, bis er plötzlich unsanft mit einem Bauchplatscher im Meer landete. Die großen Wellen gingen nicht gerade sanft mit dem kleinen Stein um, sondern trieben ihn hin und her. So stürmisch hatte er sich das Leben auf der Erde nun doch nicht vorgestellt! Dem kleinen Stein wurde richtig schwindlig. Ab und zu wurde er sogar gegen harte Felsbrocken geschleudert und dabei geschah es, dass der kleine Stein mit einem großen Knall in viele Tausende von Sandkörnern zerfiel! Die Wellen des Meeres schliffen die kleinen Sandkörner zu winzigen, kostbaren, glasklaren Planetenkristallen und schwemmten sie an verschiedene Strände dieser Welt.

Doch weil sie so klar waren, glitzerten sie bei Sonnenschein so sehr, dass die Menschen am Strand davon geblendet wurden und ihre Augen zu tränen anfingen. Die Sandkörner konnten es nicht ertragen, dass die Menschen weinten, und vergruben ihre Schönheit im feuchten, tiefen Sandschlamm.

Wenn ihr tief genug in den Sand hinein grabt, könnt ihr vielleicht einen dieser kostbaren Planetenkristalle finden – macht nur eure Augen weit auf, denn sie sind winzig klein.

Gestalten mit Sand

Sandkerzen

Material: Wachsreste, alte Dosen, alter Topf, Herd, Wasser, Sand, mehrere Dochte und Holzstöckchen, Schere
Anzahl: beliebig
Alter: ab 5 Jahren

Die Wachsreste werden nach Farben in die Dosen sortiert.

Gemeinsam mit der Spielleitung erhitzen die Kinder das Wachs in den Dosen in einem Wasserbad und warten, bis es sich verflüssigt.

Derweil formen sie in feuchtem Sand mehrere faustgroße Mulden, die Formen für die Kerzen Je feuchter der Sand, desto besser lassen sich die unterschiedlichsten Vertiefungen formen.

Die Kinder binden mittig um die Holzstöckchen jeweils ein Dochtende.

Sie legen die Stöckchen so über die Mulden, dass der Docht bis zum Boden in die Vertiefung hinein hängt.

Sobald das Wachs flüssig ist, können die Kinder es vorsichtig in die Sandmulden hineingießen.

Ist das Wachs hart geworden, werden die Dochte der entstandenen Kerzen von dem Holzstöckchen gelöst und entsprechend gekürzt. Die neuen Kerzen können vorsichtig am Docht aus ihrer Form gezogen werden. Dabei bleibt etwas Sand dekorativ an der Kerzenwand hangen.

Farbiger Sand

Material: feiner Sand, Sieb, verschiedene Batikfarben, Wasser, mehrere Schüsseln und Becher, Löffel, Plastikfolie, verschließbare kleine Glasgefäße (z. B. Marmeladengläser etc.)
Anzahl: beliebig
Alter: ab 5 Jahren

Der Sand wird von den Kindern gesäubert, indem sie ihn gründlich durchsieben und in die Schüsseln füllen. Sie rühren die Batikfarbe mit etwas Wasser an. Für jede Farbe benötigen die Kinder einen eigenen Becher.

Die angerührten Farben schütten sie jeweils in eine der mit Sand gefüllten Schüsseln. Dabei wird sich der Sand bunt einfärben. Um jedoch einen einheitlichen Farbton zu erhalten, müssen die Kinder den Sand mit Löffeln oder Händen mehrmals umrühren.

Anschließend lassen sie den bunten Sand mehrere Stunden trocknen. Dafür wird er am besten auf einer Plastikfolie verteilt.

Den trockenen Sand lassen die Kinder in Schichten nacheinander in die Glasgefäße rieseln, sodass von außen ein wunderschönes Farbenspiel sichtbar wird.

Sandmandala

Material: große, freie Asphaltfläche, Kreide, verschiedenfarbiger Sand in mehreren Schüsseln (s. S. 45 „Farbiger Sand"); evtl. Plastiktüten und Schere
Anzahl: pro Mandala bis zu 4 Kinder
Alter: ab 4 Jahren

Mit Kreide malt die Spielleitung Riesenmandalas auf den Asphalt.
Die Kinder suchen sich eine Schüssel mit buntem Sand aus und lassen ihn mit der Hand auf das Mandala rieseln. Dabei können sie entweder die Umrisse des Mandalas mit dem bunten Sand nachmalen oder sie bedecken die Mandalaflächen mit verschiedenfarbigem Sand.

Variante

Die Kinder füllen verschiedenfarbigen Sand in die Plastiktüten.
Mit der Schere schneiden sie ein winziges Loch in die Tüte, sodass der Sand als feiner Strahl herausrieseln kann.
Indem die Kinder nun ruhig im gleichen Abstand zum Asphalt die Tüte über die Erde führen, können sie die Umrisse des Mandalas nachzeichnen.
Hinweis: Mit dieser Methode lassen sich auch sehr gut abstrakte Bilder malen. Außerdem können die Kinder dabei mit dem Sand experimentieren:
Wie sieht die Sandlinie aus, wenn ich mit der Plastiktüte renne, wenn ich mich im Kreis drehe, wenn ich mich hin und her bewege und wenn ich springe?

Sandburg

Material: Sand, Wasser (am besten natürlich Sandstrand), Schaufeln, Plastikgefäße, Sandförmchen, Steine, Muscheln und andere Naturmaterialien
Anzahl: beliebig
Alter: ab 3 Jahren

Aus Sand lassen sich die schönsten Burgen bauen. Dazu tragen die Kinder feuchten Sand mit Schaufeln zu einem Berg zusammen und schlagen ihn mit den Schaufeln fest.
Nun können die Kinder mit der Gestaltung der Burg beginnen:
- Sie bohren mit den Fingern Gänge in den Sandberg;
- mit den Plastikgefäßen und Sandförmchen bauen sie hohe Türme;
- sie türmen Schutzwälle auf;
- sie bauen Wasserstraßen, die die Burg umgeben.
Zum Schluss dekorieren die Kinder ihre Burg mit Steinen, Muscheln, Hölzern oder Gräsern.

Variante

Mit Wasser und Sand lassen sich auch wunderschöne Tiere gestalten. Krokodile, Eidechsen oder Schlangen bieten sich aufgrund ihres flachen Körperbaus dafür besonders an.
Entsprechend der Körperform des gewählten Tieres häufen die Kinder Sand als kleinen Wall auf. Mit den Händen formen sie spezielle Details wie Beine, Schuppen, Ohren oder Schwanz aus. Sie können dem Tier Muster auf den Rücken ritzen oder es mit Muscheln und Steinen ausschmücken.

Sandiges Kleister-Bild

Material: 1 großformatige Pappe, Tapetenkleister, großer Kleisterpinsel
(Quast), Sandfläche; evtl. Schere
und alternativ farbiger Sand bzw.
bunte Pappe

Anzahl: 4-6 Kinder pro großformatiger Pappe

Alter: ab 3 Jahren

Die Pappe legen die Kinder neben der Sandfläche aus.

Entsprechend der Verpackungsbeschreibung
rühren sie den Tapetenkleister an und tragen
ihn mit dem Quast auf die Pappe auf.

Nun bedarf es mehrerer Hände, um die mit
Kleister bestrichene Seite des Kartons in den
Sand zu tauchen. Alle Kinder helfen dabei mit
den Händen über die Rückseite des Kartons zu
streichen, damit möglichst viel Sand am Kleister
kleben bleibt.

Die Kinder nehmen den Karton wieder aus dem
Sand heraus und lassen die Kartonfläche trocknen.

Ist die Pappe getrocknet, klopfen die Kinder den
überschüssigen Sand von der gestalteten Fläche
ab und erhalten ein abstraktes Sand-Kleister-
Bild.

Den großformatigen Sandkarton können Kinder
auf verschiedene Weise nützen, z. B. lassen sich
daraus Postkarten herstellen oder sie können
den Sandkarton bei einem Wahrnehmungspar-
cours einsetzen. Besonders schön lässt sich hier
auch farbiger Sand einsetzen (s. S. 45 „Farbiger
Sand"). In Kombination mit bunter Pappe entstehen dadurch ganz besondere Kreationen!

Spiele mit Sand

Sandkreisfangen

Kindern macht es besonders viel Spaß sich auf weichem Sandboden hinzuwerfen oder einfach fallen zu lassen. Dabei entwickeln sie ein Gespür für die besondere Dämpfungseigenschaft des Materials. Gleichzeitig erfahren sie wie schwierig es ist, auf trockenem Sand schnell zu laufen.

Material: ca. 10 x 10 m große Sandfläche,
1 Holzstab
Anzahl: max. 19 SpielerInnen
Alter: ab 4 Jahren

In den Sand werden mit einem Holzstab ungefähr sechs große Kreise gemalt.
Ein Kind ist bei diesem Spiel der Fänger, während sich die anderen SpielerInnen frei auf dem Spielfeld bewegen.
Kommt ihnen der Fänger zu nahe, dürfen sie sich durch einen Sprung in einen der Kreise retten, wo sie sich in den Sand fallen lassen. Dabei finden jedoch in jedem Kreis nicht mehr als zwei Kinder vor dem Fänger Schutz.
Wer abgeschlagen wurde, hilft mit die anderen Kinder abzuschlagen.
Gewonnen hat das Kind, das allen FängerInnen am längsten entwischen konnte.

Murmelsandbahn

Material: Sand, Schaufel, Wasser, Gießkanne,
Murmeln
Anzahl: beliebig
Alter: ab 3 Jahren

Die Kinder häufen Sand mit der Schaufel zu einem großen Hügel an und befeuchten ihn mit der gefüllten Gießkanne.
Mit Händen und Schaufel klopfen sie den Sandhügel fest.

Entlang des Hügels formen die Kinder eine Murmelbahn mit leichtem Gefälle. Besonders interessant wird die Bahn dann, wenn Kurven und Tunnel mit eingearbeitet werden. Dazu bohren die Kinder mit den Fingern kleine Durchbrüche in die Bahn, durch die die Murmeln rollen können.
Ist die Murmelsandbahn fertig, werden die Murmeln auf die Spitze des Hügels gelegt und leicht angeschubst. Sie rollen von dort entlang der Kurven durch die Tunnel hinunter bis an den Fuß des Sandhügels.

Sandberglöffeln

Material: 1 Schokoladenmuschel, Sand,
Wasser, Gießkanne, Löffel
Anzahl: mind. 2 SpielerInnen
Alter: ab 4 Jahren

Mit den Händen tragen die Kinder einen kleinen Sandberg zusammen, befeuchten ihn etwas und klopfen ihn fest.
Auf die Spitze legen sie eine Schokoladenmuschel und setzen sich um den Berg herum.
Der Reihe nach trägt jeder Spieler mit dem Löffel eine geringe Menge vom Sandberg ab, sodass die Muschel von immer weniger Sand gestützt wird.
Wer ist der Pechvogel, bei dem die Muschel von der Spitze des Sandberges herunterfällt?
Er muss die Schokoladenmuschel nur mit dem Mund aus dem Sand fischen und essen. Das wird eine knirschende Angelegenheit, denn etwas Sand bleibt immer an der Schokolade hängen – guten Appetit!

Sandball

Material: 2 Luftballons pro SpielerIn, Schere, Trichter, Sand, Filzstift

Anzahl: beliebig

Alter: ab 4 Jahren

Um einen Sandball herzustellen, blasen die Kinder beide Luftballons auf und lassen die Luft gleich wieder entweichen, sodass sich die Ballons weiten.

An einem der beiden Luftballons schneiden die Kinder am Hals den Aufblaswulst ab. Dadurch lässt sich der Trichter besser in den Luftballonhals einführen.

Durch den Trichter lassen die Kinder Sand in den Ballon rieseln, bis er prall gefüllt ist. Dazu drücken die Kinder den Sand ab und zu im Luftballon fest. Der Hals des Ballons bleibt dabei ohne Sand.

Ist der Ballon prall gefüllt, machen die Kinder in den Hals einen Knoten.

Von dem zweiten Luftballon schneiden sie etwas mehr als den Hals ab und stülpen ihn als schützende Haut über den gefüllten Ballon.

Verwenden die Kinder zwei verschiedenfarbige Luftballons, entsteht ein zweifarbiger Sandball.

Durch seine weiche, knautschige Beschaffenheit liegt der Ball gut in der Hand und bietet zahlreiche Spielmöglichkeiten:

- Die Kinder malen dem Sandball ein Gesicht. Drücken sie ihn in der Hand, zieht der Ball die komischsten Grimassen.
- Jüngere Kinder können sich die Sandbälle einfach zurollen oder zuwerfen.
- Ältere Kinder benutzen zwei oder drei der Bälle zum Jonglieren. Wie wäre es mit einer Jongliereinlage bei einer Zirkusveranstaltung?

Hinweis: Bunte oder marmorierte Ballons wirken als Jonglierbälle besonders schön.

Überraschungen im Sand

Material: großer Sandberg oder eine abgesteckte Sandfläche, kleinere eingepackte Überraschungen, Schaufeln oder Löffel

Anzahl: max. 6 SpielerInnen

Alter: ab 3 Jahren

In dem Sandberg oder der Sandfläche versteckt die Spielleitung eine Anzahl kleinerer Überraschungen.

Die Kinder beginnen mit Händen, Schaufeln oder Löffeln das Spielfeld umzugraben auf der Suche nach möglichst vielen Überraschungen. Manchmal kann es dabei zu einem kleinen Sandsturm kommen!

Sandrodeln

Material: 1 Plastiktüte pro SpielerIn, Sandhang; evtl. 1 feste, große Plastikplane

Anzahl: beliebig

Alter: ab 5 Jahren

Die Kinder besteigen den Sandhang und setzen sich auf ihre mitgebrachten Plastiktüten.

Nun heißt es Schwung holen, um mit der Plastiktüte unter dem Po den Hang hinunter zu gleiten. Je steiler der Sandhügel, desto schneller wird natürlich die Fahrt.

Wird statt der Tüten eine große Plastikplane benutzt, auf der mehrere Kinder Platz finden, können sie sich auch von den anderen durch den Sand ziehen lassen. So wird die Plastikplane zum Sandfloß, auf dem die Kinder auch auf einer ebenen Fläche dahin gleiten können.

Matschen, Schmieren, Spielen und Gestalten

...mit Gips

Die Bearbeitung von Gips ruft durch seinen glitschigen und schleimigen Charakter in nassem Zustand bei vielen Kindern Begeisterung hervor. Die besondere Eigenschaft dieses Materials, seine schnelle Umwandlung von einer Konsistenz in die andere, wird dabei für sie in kürzester Zeit erlebbar: Als weißes Pulver ist Gips staubig und ähnelt Mehl. Mit Wasser vermischt entsteht aus ihm ein weißer, cremiger, sahneähnlicher Brei, den die Kinder zum Gießen von Figuren benutzen können. Dieser Brei bindet rasch zu einem festen Material ab.

Gips kann in Verbindung mit Stoff auch modelliert werden. Dazu werden Gipsbindenstücke auf verschiedene Materialien aufgelegt, die als Gerüst dienen. So können Kinder kleine und große Skulpturen frei gestalten. Im Gegensatz zu Ton trocknet Gips in kürzester Zeit an der Luft und benötigt keinen zusätzlichen Brand.

Aus all diesen Gründen ist Gips für Kinder ein spannendes Material, mit dem sie spielerisch zahlreiche interessante Matsch- und Gestaltungs-Erfahrungen machen können. Egal in welcher Konsistenz ihn die Kinder erleben – das Arbeiten mit Gips ist immer eine Angelegenheit für Schmuddelkinder!

Hinweise zum Umgang mit Gips

- Gips kann in zwei verschiedenen Formen gekauft werden: pulverisiert oder in Verbindung mit Stoff als Gipsbinden (in der Apotheke).
- Mit aus **Gipspulver** angerührtem Gipsbrei können z. B. Formen ausgegossen und große Objekte gestaltet werden.
- Gipspulver wird mit Wasser in einem Verhältnis 2:1 angerührt bzw. entsprechend der Verpackungsbeschreibung. Dabei muss zuerst das Wasser in eine Plastikschüssel oder bei größeren Mengen in einen Bottich gefüllt werden, bevor das Pulver so lange eingestreut wird, bis ein kleiner Gipspulverberg über dem Wasserspiegel sichtbar ist. Mit den Händen oder einem Holzlöffel wird alles zu einem dickflüssigen Brei verrührt. Je dicker der Brei angerührt wird, desto schneller bindet er ab und wird hart.

- Zur Gestaltung großer Gipsplastiken werden kleinere Stofffetzen in Gipsbrei getaucht, bis sie sich vollgesaugt haben. Sie können frei geformt oder auf ein Gerüst gelegt werden. Die Stofffetzen müssen rasch verarbeitet werden, da der Gipsbrei sehr schnell trocknet.
- **Gipsbinden** ermöglichen Kindern ein einfacheres Arbeiten und eignen sich vor allem für kleinere Objekte und Körpermasken.
- Gipsbinden werden in kleine Stücke geschnitten, kurz in Wasser getaucht und auf ein Gerüst oder ein (gut eingecremtes!) Körperteil gelegt.
  Achtung: Kein Körperteil darf komplett umgipst werden – die Kinder müssen immer noch aus der Gipshülle herauskommen! Damit der Gips nach dem Trocknen stabil ist, sollten immer drei Lagen Gipsbinden übereinander geschichtet werden.

Annäherung an das Material Gips

Erstes Beobachten und Ausprobieren

Material: Gipspulver, Gipsbinden, Wasser, Becher zum Anrühren
Anzahl: beliebig
Alter: ab 3 Jahren

Beim ersten Matschen und Spielen mit Gips können Kinder ganz unterschiedliche Erfahrungen machen. Folgende Überlegungen und Fragestellungen können die Kinder für das Material sensibilisieren:

- Wie fühlt sich der Gips in trockenem Zustand an?
- Wie fühlt sich der Gips an, wenn Wasser dazu kommt und die Masse zu einem Brei verarbeitet wird?
- Wie fühlt sich der Gips an, wenn er erstarrt?
- Was passiert, wenn Gipsbinden zu lange ins Wasser eingetaucht werden?
- Was passiert, wenn Gipsbinden zu lange in der Hand geknetet werden?
- Wie fühlen sich Gipsbinden beim Verstreichen an?

Gipsmalereien

Material: schwarzer Tonkarton, dünnflüssiger Gipsbrei in einem Bottich, große Pinsel
Anzahl: beliebig
Alter: ab 3 Jahren

Der Boden wird großflächig mit dem schwarzen Tonkarton ausgelegt. Darauf können die Kinder mit dem dünnflüssigen Gipsbrei experimentieren:

- Sie steigen mit nackten Füßen in den Bottich und laufen über den Tonkarton, sodass ihre Fußspuren sichtbar werden.
- Sie tauchen ihre Hände in den Gips und machen damit Abdrucke auf den Tonkarton.
- Sie tauchen einen großen Pinsel in den Brei und malen damit großflächig auf dem Karton.

Gipsexperimente

Material: Pappe, Gipsbinden, Scheren, großer Bottich mit Wasser, Pappe, Temperafarben, Pinsel
Anzahl: beliebig
Alter: ab 3 Jahren

Die Kinder legen auf dem Boden Pappe aus und setzen sich um den großen Wasserbottich herum.
Sie schneiden die Gipsbinden in 5 bis 10 cm große Stücke und tauchen diese kurz in den Bottich, sodass sich der Gips mit Wasser zersetzt und formbar wird.
Auf der bereit gelegten Pappe drapieren die Kinder die Gipsbindenfetzen und legen sie zu abstrakten Formen.
Sind die Figuren getrocknet, können sie mit Temperafarben bemalt werden.

Gips auf der Haut

Wer sich schon einmal Arm oder Bein gebrochen hat, wird bereits Erfahrung mit Gipsbinden haben. Bei diesem Empfindungsspiel können alle Kinder ausprobieren, wie sich Gips auf der nackten Haut anfühlt.

Material: Gipsbinden, Scheren, Vaseline, einige Schüsseln mit Wasser
Anzahl: beliebig, in Paaren
Alter: ab 3 Jahren

Die Kinder bilden Paare und schneiden die Gipsbinden in verschieden lange Stücke.
Sie reiben eine Stelle ihres Körpers (z. B. Arme, Beine oder Füße) gut mit Vaseline ein, damit es später beim Ablösen des Gipses von der Haut nicht unangenehm ziept.
Ein Kind taucht ein Gipsbindenstück in die Wasserschüssel und legt es bei seinem Partner auf die eingefettete Körperstelle. Die Kinder können nun mehrere Schichten übereinander legen, ein großes Stück eines Körperteils bedecken oder aber viele kleine Stücke über den ganzen Körper verteilen und verschmieren.
Während des Spiels werden die Kinder bald ihre Gefühle und Empfindungen im Umgang mit dem matschigen Gips kundtun.
Ist ein Kind genügend eingegipst, werden die Rollen getauscht.

Zaungipsen

Bestimmt findet sich im Kindergarten oder der Tagesstätte irgendwo ein kleiner Maschendrahtzaun, der dringend einer Verschönerung bedarf – die Kinder werden daraus ein tolles Gips-Kunstwerk machen!

Material: Stoffreste, Scheren, Gipsbrei, Zaun mit Maschendraht, Temperafarben, Pinsel
Anzahl: beliebig
Alter: ab 3 Jahren

Die Stoffreste werden in viele unterschiedlich große Stücke geschnitten.
Die Kinder tauchen ihre Stoffreste in den geschmeidigen Gipsbrei und drapieren sie am Zaun.
Besonders interessant sieht der Zaun aus, wenn die Kinder nicht alle Maschendrahtlöcher zugipsen, sondern noch einige Gucklöcher übrig lassen.
Sind die Stoffreste in der Sonne getrocknet, bemalen die Kinder den Zaun nach ihren Vorstellungen.

Gipsrelief

Bei dieser spielerischen Beschäftigung können Kinder ausprobieren was passiert, wenn Gegenstände in flüssigen Gips eingedrückt werden.

Material: große, konisch zulaufende Plastikwanne, Spülmittel, dickflüssiger Gipsbrei, Teigschaber, verschiedene Gegenstände und Materialien (Hölzer, Federn, Erbsen, Linsen, Bohnen, Nägel, Korken, Kronenkorken, Spiegelscherben, Porzellanscherben usw.), Kratzwerkzeuge wie Messer oder Gabel; evtl. Temperafarben und Pinsel

Anzahl: beliebig
Alter: ab 4 Jahren

Die Kinder reiben die Plastikwanne mit Spülmittel ein, damit sich der getrocknete Gips später besser aus der Wanne lösen lässt.

Den dickflüssigen Gipsbrei gießen sie in die vorbereitete Wanne.

Die Oberfläche des Gipsbreis in der Plastikwanne wird mit dem Teigschaber zu einer glatten Fläche verstrichen.

In diese Oberfläche drücken die Kinder verschiedene Gegenstände und Materialien ein und/oder ritzen mit Messer, Gabel oder anderen Kratzwerkzeugen Muster in den Gips. Dabei können sie ihrer Phantasie und Gestaltungsfreude solange freien Lauf lassen, bis der Gips gehärtet ist.

Ist der Gips durchgehärtet, wird er aus seiner Form gelöst und nach Belieben mit Temperafarbe bunt angemalt.

Gipsglücksbringer

Material: Gipsbrei, je 1 kleine Plastiktüte oder Luftballon pro Kind, Suppen- oder Soßenkellen; evtl. Trichter, Schere
Anzahl: beliebig
Alter: ab 4 Jahren

Jedes Kind nimmt sich einen Luftballon bzw. eine Plastiktüte und füllt den Gipsbrei mit einer Kelle hinein.

Bereits nach kurzer Zeit, wenn der Gipsbrei leicht angezogen hat (die Härtezeit richtet sich nach Menge und Konsistenz des eingegossenen Breis), können die Kinder den gefüllten Ballon von außen taktil bearbeiten und ihm eine abstrakte Form geben.

Ist der Gips durchgetrocknet, kann die Form nicht mehr verändert werden und Tüte oder Ballon werden aufgeschnitten. Dabei erscheinen ganz unterschiedliche, lustige Gipsglücksbringer.

Wenn die Kinder möchten, können sie diese einander vorstellen und sich erzählen, was ihr Glücksbringer darstellt.

Figuren gießen

Material: Gipsbrei, Soßen- oder Suppenkellen, gestanzte Plastikeinlagen aus Pralinenschachteln; evtl. Farbpigmente
Anzahl: beliebig
Alter: ab 4 Jahren

Mit den Kellen füllen die Kinder den Gipsbrei in die Pralinenplastikformen. Je unterschiedlicher und ausgeformter die Plastikformen sind, desto interessanter sehen zum Schluss die Figuren aus. Die gegossenen Formen werden schnell trocknen und können im Nu von den Kindern aus ihrer Form gelöst werden.

Hinweis: Bestimmt haben die Kinder noch viele andere Ideen für Formvorlagen, die sie mit Gips ausgießen können, z. B. Sandkastenförmchen oder kleine Backformen usw.

Bei nicht biegsamen Formen empfiehlt es sich sie zuvor mit Spülmittel einzureiben, damit sich die Gipsfigur ohne Rückstände lösen lässt. Um die Figuren aus den Formen besser lösen zu können, sollten die Kinder nur Formen verwenden, die sich von der Öffnung zum Boden hin verjüngen und nicht umgekehrt.

Varianten

- Die Kinder drücken kleine Gegenstände in eine feuchte Sandfläche und erstellen durch die Abdrücke ihre eigenen Formvorlagen, in die sie die Gipsmasse gießen.
- Fügen die Kinder dem flüssigen Gips Farbpigmente hinzu, erhalten sie bunte Gipsfiguren-Kreide, mit der sie auf Asphalt malen können!

Marmorbausteine

Material: pro Baustein: 1 Plastiktrinkbecher oder Joghurtbecher, 1/2 Tasse Wasser, 2 TL Kleister, 1 Tasse Gipspulver, 1 Holzstöckchen, verschiedene Temperafarben
Anzahl: beliebig
Alter: ab 4 Jahren

Jedes Kind vermischt in einem Becher das Wasser mit dem Kleister.

In diese Kleistermasse schütten die Kinder das Gipspulver und rühren mit dem Holzstöckchen solange, bis die Masse geschmeidig ist.

Auf den Gipsbrei schütten sie eine dicke Spur Temperafarbe und ziehen diese mit dem Holzstöckchen leicht unter den Brei, sodass eine Marmorierung entsteht.

Rühren die Kinder die Farbe intensiver ein, werden sie entdecken, dass sich die Temperafarbe im gesamten Gips verteilt.

Wenn sich jedes Kind eine andere Temperafarbe aussucht, werden die Bausteine verschieden bunt. Besonders schön wirken auch zwei Farben in einem Becher.

Sobald der Gips getrocknet ist, lassen sich die Bausteine leicht aus ihrer Form lösen.

Je mehr Bausteine gemeinsam entstehen, desto mehr Spielmöglichkeiten haben die Kinder.

Gibst 'e mir den Gips mal her

Musik und Text: Jakobine Wierz

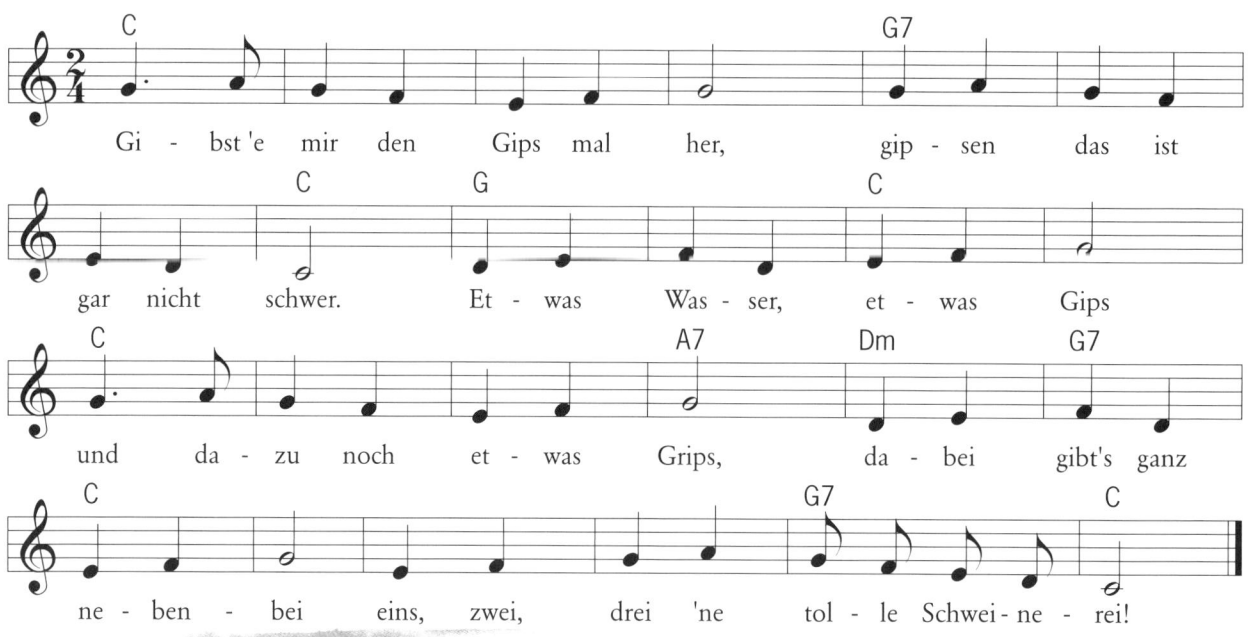

Gi - bst 'e mir den Gips mal her, gip - sen das ist gar nicht schwer. Et - was Was - ser, et - was Gips und da - zu noch et - was Grips, da - bei gibt's ganz ne - ben - bei eins, zwei, drei 'ne tol - le Schwei - ne - rei!

1. Gibst 'e mir den Gips mal her,
gipsen das ist gar nicht schwer.
Etwas Wasser, etwas Gips
und dazu noch etwas Grips,
dabei gibt's ganz nebenbei
eins, zwei, drei
'ne tolle Schweinerei!

2. ...'ne tolle Schweinerei, Matscherei!
3. ...'ne tolle Schweinerei, Matscherei, Gipserei!
4. ...'ne tolle Schweinerei, Matscherei, Gipserei, Panscherei!
5. ...'ne tolle Schweinerei, Matscherei, Gipserei, Panscherei, Sauerei!
6. ...'ne tolle Schweinerei, Matscherei, Gipserei, Panscherei, Sauerei, Schmiererei!

Wenn den Kindern noch mehr einfällt, kann das Lied beliebig lange erweitert und gesungen werden.

Gestalten mit Gips

Gipsschwellköpfe

Material: 1 aufblasbarer Wasserball für je 3 Kinder, Spülmittel, pro Schwell kopf mind. 6 Gipsbinden, Scheren, Schüssel mit Wasser, Temperafarben, Pinsel, Zeitungspapier; evtl. 3 Holzstäbe und 1 altes Hemd pro Schwellkopf

Anzahl: 3 Kinder pro Schwellkopf

Alter: ab 5 Jahren

Die Kinder bilden Dreier-Gruppen.

Jede Gruppe nimmt einen der Wasserbälle, bläst ihn auf und verschließt ihn. Er dient den feuchten Gipsbinden als Stütze.

Damit sich der Gips zum Schluss vom Ball wieder löst, muss er mit Spülmittel eingerieben werden.

Mit der Schere schneiden die Kinder die Gipsbinden in verschieden große Stücke.

Nun tauchen sie die Binden kurz in die mit Wasser gefüllte Schüssel und legen sie auf den Ballon. Dabei müssen sie darauf achten die Gipsstücke glatt zu verstreichen. Auf diese Art bedecken die Kinder den ganzen Wasserball mit mind. drei Schichten der Gipsbinden. Lediglich die Stelle des Balls, an dem er aufgeblasen wird, bleibt frei.

Soll der Schwellkopf noch eine dicke Nase erhalten, kann eine aus Zeitungspapier geform te Kugel auf den Schwellkopf gelegt werden, die die Kinder mit weiteren Gipslagen überdecken. So können die Kinder dem Schwellkopf auch noch weitere Körperteile (Ohren, Mund, Augen) hinzufügen.

Ist nach ungefähr zwei Stunden der Gips getrocknet, lassen die Kinder die Luft aus dem Wasserball entweichen und befreien den Ball durch die kleine Öffnung aus dem Gipskopf.

Zum Schluss bemalen die Kinder den Schwellkopf mit Temperafarbe.

Variante

Ist der Kopf fertig, kann er auf einem Stab befestigt werden. Bekleiden die Kinder den Stab mit einem alten Hemd und befestigen die Ärmel des Hemdes ebenfalls mit zwei Holzstäben, können sie anschließend mit einer riesigen Handpuppe spielen!

Blumenvase

Die unterschiedlichsten Plastikgegenstände können zum Gerüst für Gipsarbeiten der Kinder werden. Aus Abfallmaterial entstehen dabei wunderschöne Objekte.

Material: 2 Gipsbinden pro Kind, Scheren, Schüssel mit Wasser, 1 Plastikflasche (z. B. Waschmittelflasche) pro Kind, verschiedene Materialien und Gegenstände (Korken, Kronkorken, Watte, Papierkugeln, Perlen, Plastikverschlüsse von Tuben und Döschen, Filmdöschen usw.), Temperafarben, Pinsel, Klarlack

Anzahl: beliebig

Alter: ab 5 Jahren

Die Gipsbinden werden in ca. 5 cm große Stücke geschnitten, kurz in das Wasser getaucht und auf die Plastikflasche aufgelegt. Dabei müssen die Kinder darauf achten, dass sie die Gipsfläche direkt glatt verstreichen und mind. drei Lagen übereinander auftragen.

Wer von den Kindern die Form der Flasche plastisch etwas verändern möchte, kann einige den Gips stützende Materialien wie Papierkugeln oder Korken auf die Flasche auflegen und diese übergipsen.

Nach einigen Stunden ist der Gips getrocknet und kann von den Kindern mit Temperafarben bunt bemalt werden.

Sobald die Farbe getrocknet ist, besprühen die Kinder die Vase mit Klarlack, um sie zu versiegeln. Nun können sie Wasser hineingießen und los geht's zum Blumenpflücken!

Hinweis: Auch Tetrapacks eigenen sich sehr gut als Gerüst für eine Blumenvase.

Gipsverhüllung

Die unterschiedlichsten Gegenstände können zum Gipsgerüst werden: alte Schuhe, Stühle, Schüsseln, Regenschirme, alte Bilderrahmen usw. Überformen die Kinder diese Alltagsdinge mit Gips, erhalten sie ein ganz neues Aussehen und können sich zu vollständig neuartigen Objekten verwandeln.

Material: Gipsbrei, Stoffreste, unterschiedliche alte Rohlinge als Gerüste (s. o.); evtl. kleine Gegenstände zum Überformen wie Papierkugeln oder Kronkorken (s. o. „Blumenvase")

Anzahl: beliebig

Alter: ab 3 Jahren

Jedes Kind sucht sich einen Gegenstand aus, den es verhüllen möchte.

Die Kinder tauchen nun kleine oder größere Stofffetzen in den Gipsbrei und verhüllen damit ihren Gegenstand. Dazu verstreichen sie so viele Stoffreste in mehreren Schichten, dass ihr Rohling zum Schluss komplett verpackt ist.

Wollen die Kinder die Form des Gegenstands verändern und verfremden, setzen sie vor dem Verhüllen verschiedene Materialien wie z. B. Papierkugeln, Kronkorken o. Ä. darauf und übergipsen diese ebenfalls.

Wer erkennt nach solchen Ausgestaltungen am Ende noch den ursprünglichen Gegenstand?

Hinweis: Wer möchte, kann auch mehrere Gegenstände miteinander durch Gips verbinden.

Gipsrelief-Landschaft

Material: 1 große Sperrholz- oder Kartonplatte, Schüssel mit Wasser, Gipsbinden, Scheren, viele kleine Fundstücke (leere Nähgarnrollen, Knöpfe, Holzklötzchen, Styroporteile, Steinchen, leere Filmdöschen, Muscheln usw.), Temperafarben, Pinsel; evtl. Stoffreste

Anzahl: beliebig

Alter: ab 3 Jahren

Die Kinder legen die Fundstücke auf der Platte aus.

Sie schneiden die Gipsbinden in kleine Stücke, tauchen sie kurz in das Wasser und legen sie über die Fundstücke. Dabei drücken sie den Gips leicht an und streichen ihn glatt. Am besten werden zwei bis drei Lagen Gips übereinander aufgetragen, um die verschiedenen Materialien unter der Gipsdecke zu verstecken.

Ist der Gips getrocknet, kann die Gipsrelief-Landschaft mit Temperafarben angemalt werden.

Vielleicht möchten die Kinder ihre Landschaft als Bild aufhängen?

Variante

Ältere Kinder können durch gezielte Auswahl und Platzierung der Gegenstände eine Landschaft für ihre elektrische Eisenbahn entstehen lassen.

Riesiges Gipsungeheuer

Material: Draht, Maschendraht, Zeitungen, Zange, Schere, unterschiedliche Materialien (Korken, Döschen, etc. s. S. 58 „Blumenvase"), Gipsbrei, Stoffreste, Temperafarben, Pinsel

Anzahl: beliebig

Alter: ab 5 Jahren

Mithilfe des Drahts verbinden die Kinder gemeinsam mit der Spielleitung Zeitungen und Maschendraht zu einem groben Körpergerüst. Dabei entstehen bereits Körper, Arme, Beine, Kopf und Bauch, allerdings müssen sie in ihren Proportionen nicht aufeinander abgestimmt sein.

Nun können die Kinder mit Zeitungsknäueln, Schachteln, Döschen, Korken usw. verschiedene Körperstellen ausbauen und betonen. Auf diese Weise erhält das Ungeheuer vielleicht einen dicken Wasserkopf, eine narbige Haut oder eine kantige Visage.

Sie tauchen die Stofffetzen in den Gipsbrei, streifen den überschüssigen Gips ab und legen den vollgesaugten Stoff auf das Gerüst bzw. über die Materialien, wobei sie den Stoff glatt streichen. So bekommt das Gipsungeheuer eine Haut.

Ist die Gipsplastik getrocknet, können die Kinder sie bunt anmalen.

Projekt Körperwelten

Das Material Gips eignet sich hervorragend dazu, auf unterschiedliche Art und Weise den menschlichen Körper nachzubilden. Dabei haben Kinder die Möglichkeit seine schmierige, glitschige Beschaffenheit in feuchtem Zustand „hautnah" zu erleben. In Form von Gipsbinden schmiegt sich das Material eng an den Körper und bildet maskenhaft einzelne Züge genau nach. In flüssigem Gips dagegen lassen sich Abdrücke einzelner Körperteile verewigen.

Am Ende werden die Kinder zahlreiche Formen ihres Körpers in Gips nachgebildet haben und können sie in einer kleinen Körperwelten-Ausstellung präsentieren.

Körpermasken aus Gips

Material: Gipsbinden, Scheren, Tisch, Vaseline, Schüssel mit Wasser; evtl. Heißklebepistole, 1 große Holzplatte und Gipspulver

Anzahl: beliebig, in Paaren

Alter: ab 5 Jahren

Die Kinder bilden Paare und schneiden die Gipsbinden in ungefähr 5 cm große Stücke.

Jeweils ein Kind legt sich auf den Tisch und sucht sich eine Körperstelle aus, die sein Partner eingipsen darf.

Die Stelle wird intensiv mit Vaseline eingecremt, damit sich der Gips später vom Körper besser lösen lässt.

Der Partner taucht nun nacheinander die Gipsbindenstücke in Wasser, legt sie auf die eingecremte Körperstelle und verstreicht sie dort glatt. Auch hier ist erst ab drei Schichten Gipsbinden die Stabilität der Maske nach dem Trocknen gewährleistet.

Nach ca. 20 Minuten ist der Abdruck so trocken, dass der Partner von seiner Gipshülle befreit werden und mit dem anderen Kind die Rolle tauschen kann.

Varianten

● Ist es möglich aus allen entstandenen Gipsteilen ein plastisches Mosaik in Form einer menschlichen Figur zusammen zu legen? Mit einer Heißklebepistole können die Teile auf einer großen Holzplatte fixiert werden – natürlich nur von einem Erwachsenen!

● Vielleicht wollen manche Kinder auch größere Körperflächen eingipsen lassen? Aber aufgepasst! Sie müssen immer wieder aus der Gipshülle heraus kommen können!

Größere Körperteile können auch miteinander zu einer lebensgroßen Figur durch Gips verbunden werden.

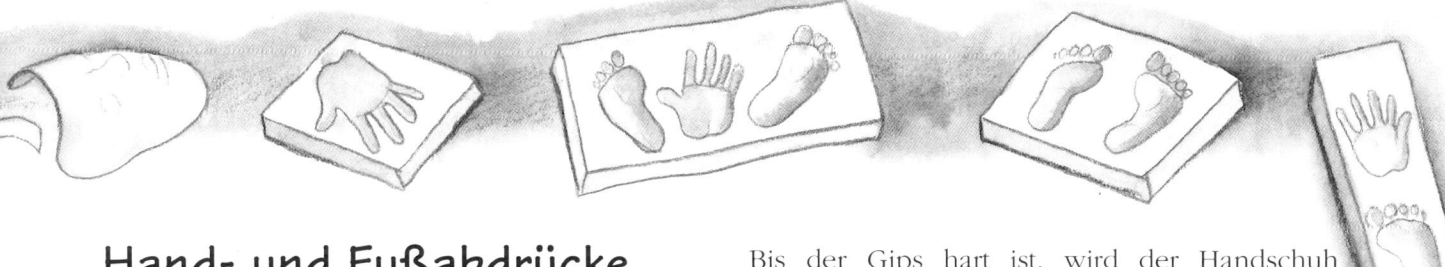

Hand- und Fußabdrücke

Material: Gipsbrei, Soßen- oder Suppenkellen, 1 Deckel oder Boden einer
Pralinen- oder Zigarrenschachtel
pro Kind; evtl. feuchter Sand

Anzahl: beliebig

Alter: ab 3 Jahren

Die Kinder füllen mit Suppen- oder Soßenkellen
den Gipsbrei in die Deckelschachteln.
In diese Form drücken sie leicht ihre Hand oder
ihren Fuß ein.
Sobald der Gips getrocknet ist, lässt sich der
Abdruck aus der Pappschachtel lösen.
Jetzt können die Kinder untereinander ausprobieren, ob ihre Hände und Füße auch in andere Abdrücke hineinpassen.

Variante

Abdrücke von Händen, Füßen oder natürlich
auch anderen Körperteilen wie Gesicht, Po oder
Knie lassen sich auch in einer feuchten Sandflä-
che machen.
In die entstehenden Hohlformabdrücke gießen
die Kinder den Gipsbrei.
Sobald die Masse gehärtet ist, können sie ihre
Hände oder Füße als Gipsplastiken aus dem
Sand nehmen.

Geisterhände

Material: Gipsbrei, Gummihandschuhe,
Suppen- oder Soßenkellen, Wäscheleine und -klammern

Anzahl: beliebig

Alter: ab 4 Jahren

Mit den Kellen wird der Gipsbrei in die Hand-
schuhe gefüllt. Dabei gießen die Kinder lediglich die Hand mit Gips voll und lassen den Rest
des Handschuhs nach oben hin leer.

Bis der Gips hart ist, wird der Handschuh
ca. 30 Minuten mit Wäscheklammern an der
Wäscheleine aufgehängt.
Nach dem Trocknen schneiden die Kinder die
Gummihandschuhe auf und zum Vorschein
kommen gruselige Geisterhände! Damit können
sie sicher so manchem einen schönen Schre-
cken einjagen!

Hinweis: Alte Schuhe
eignen sich zum Aus-
gießen ebenso gut!

Gips-Shirt

Material: Gipsbrei, 1 altes T-Shirt und
1 Kleiderbügel pro Kind,
Temperafarben, Pinsel

Anzahl: beliebig

Alter: ab 4 Jahren

Die Kinder nehmen ihr T-Shirt und tauchen es
in den Gipsbrei.
Wenn der Brei etwas abgetropft ist, hängen sie
das T-Shirt auf den Kleiderbügel.
Ist der Gips nur leicht trocken, kann der Stoff
noch etwas in Form gebracht werden. Nach
einiger Zeit wird das Shirt zu einer festen Skulptur erstarren.
Wer möchte, kann sein Gips-Shirt noch phanta-
sievoll bemalen.

Hinweis: Mit dem gleichen Verfahren können
natürlich alle möglichen alten Kleidungsstücke
wie Hosen, Jacken o. Ä. in Gips-Skulpturen verwandelt und miteinander kombiniert werden!

Matschen, Schmieren, Spielen und Gestalten

...mit Papier

Papier verbrauchen wir tagein, tagaus in Hülle und Fülle. Wir verschicken Briefe, lesen Zeitung und verpacken Geschenke. Papier erfüllt durch seine Beschaffenheit in höchstem Maße die Voraussetzungen für eine vielfältige Verwendung in Industrie, Technik und privatem Bereich: Papier ist formbar, gibt nach, ist elastisch, mitteilsam und saugfähig. Es kann aber auch fest und stabil sein. Hat das Papiermaterial seinen Zweck erfüllt, landet es meist im Papierkorb, ohne dass wir uns bewusst werden, dass hier ein für Kinder kostbares Gestaltungsmaterial verloren geht: Was lässt sich nicht alles aus Kartons, Schachteln, Zeitungen, verbrauchtem Geschenkpapier, Klopapierrollen, Pappröhren, Wellpappe usw. gestalten! Kaum ein Material lässt sich so facettenreich einsetzen wie Papier: vom Papierschöpfen über dreidimensionales Gestalten mit Kartonagen bis hin zum Matschen mit Pappmaché. Da wird Papier mithilfe von Wasser zu einem nassen, glitschigen und schmierigen Brei, in nassem Zustand färbt es auf andere Materialien ab oder klebt an der Haut und den unterschiedlichsten Oberflächen fest. Durch Zugeben von Kleister wird seine klebrige Eigenschaft noch verstärkt. Kinder entdecken dabei nicht nur Papier als Schmier- und Schmuddelmaterial, sondern setzen sich ganz nebenbei auch mit dem Prinzip der Wiederverwertung auseinander: Altpapier wird für sie zu einem kostbaren Grundmaterial für das Schmieren und Matschen und sie entwickeln einen ökologisch und kreativ reflektierten Umgang mit Papier und der Natur.

Hinweise zum Matschen mit Papier

Beim Matschen mit Papier gibt es drei Techniken: die Pappmachétechnik, das Papierschöpfen und das Färben mit Papier.

● Bei der Pappmachétechnik tauchen die Kinder Papierschnipsel in Kleister und können damit Gegenstände überformen. Damit die Stabilität nach dem Trocknen gewährleistet ist, müssen dabei mind. drei Schichten Papierschnipsel mit Kleister übereinander gelegt werden.

● Zum Papierschöpfen stellen die Kinder als Grundlage einen Brei aus Papier her, die sogenannte „Papier-Pulpe" (s. S. 65). Mit einem engmaschigen Draht schöpfen sie daraus eine Schicht Papierbrei ab, aus der ein neues Blatt Papier entsteht, nachdem es „gegautscht", also platt gedrückt und getrocknet wurde (s. S. 68 „Papierschöpfen"). Besonders dekorativ wirken hier z. B. Naturmaterialien, die der Pulpe vor dem Schöpfen hinzugefügt werden können und die die neuen Papierbogen verzieren.

● Mit bunten Papieren wie Krepp- und Seidenpapier können die Kinder beim Matschen andere Papiere oder sogar ihren Körper färben, indem sie das bunte Papier anfeuchten. Es kann auch direkt mit in die Pulpe (s. o.) gegeben werden, sodass sich der Papierbrei bunt einfärbt.

● Für das Arbeiten mit Pappmaché und für die Pulpe ist Zeitungspapier – im Gegensatz zu Glanzmagazinen und -papieren – am besten geeignet.

Annäherung an das Material Papier

Beobachtungsspiele zum Ausprobieren

Material: große Wanne mit Wasser, verschiedene Papiere (Glanzpapiere, Zeitungspapiere, Pappe, Kartonage, Servietten, Papiertaschentücher usw.)
Anzahl: beliebig
Alter: ab 3 Jahren

Die Kinder suchen sich aus dem Papiervorrat verschiedene Papiere aus und experimentieren damit im Wasser. Dazu zerreißen sie die Papiere in kleine Stücke und lassen sie im Wasser schwimmen. Dabei machen sie unterschiedliche Erfahrungen:

● Wie fühlt sich feuchtes Papier auf der Haut an?
● Wie verhalten sich die verschiedenen Papiere im Wasser?
● Welche Papiere weichen am schnellsten im Wasser auf?
● Wie fühlt sich Wasser an, in dem sich große Papiermengen allmählich auflösen?
● Lässt sich feuchtes Papier leichter zerreißen als trockenes Papier?

Papierbrei-Haut

Material: mehrere Mülltüten voller Papierfäden aus dem Reißwolf, Bottich mit Wasser
Anzahl: beliebig
Alter: ab 3 Jahren

Die Kinder tauchen jeweils eine Hand voll Papierfäden in den mit Wasser gefüllten Bottich, sodass sich eine nasse, faserige Papiermasse bildet.
Diese verschmieren sie gegenseitig wie eine Art Körperpackung auf ihrer Haut. Dabei können sie nach Belieben Arme, Beine, Bauch oder sogar die Haare verhüllen.
Wie fühlt sich die faserige Masse an, wenn die Kinder sie auf der Haut verstreichen?
Wie fühlen sie sich, wenn der Papierbrei längere Zeit ihren Körper bedeckt?
Achtung: Kinder mit langen Haaren sollten beim Formen einer Perücke vorsichtig sein, da sich die nassen Papierfäden nur schwer aus den Haaren entfernen lassen.

Papier-Pulpe

Material: Zeitungspapier, Servietten, Tempos, Packpapier, Krepppapier, Seidenpapier, Bottich, Wasser; evtl. Mixer und mehrere Plastikschüsseln
Anzahl: beliebig
Alter: ab 3 Jahren

Die Kinder reißen das Papier in viele kleine Schnipsel und füllen es in den Bottich.

Die Spielleitung erhitzt das Wasser und gießt es über das Papier, bis alle Schnipsel mit Wasser bedeckt sind.

Haben die Kinder beim Reißen Papierarten wie buntes Krepp- oder Seidenpapier verwendet, so werden sie schnell feststellen, dass diese den Papierbrei einfärben.

Die Papierschnipsel bleiben über Nacht eingeweicht. Währenddessen saugt sich das Papier mit Wasser voll und wird breiig.

Am nächsten Morgen finden die Kinder die fertige Pulpe vor, mit der sie erst einmal nach Herzenslust matschen, schmieren und schmuddeln, bevor sie sich in den folgenden Angeboten gezielt damit beschäftigen.

Hinweis: Werden die Kinder ungeduldig oder steht nicht ganz so viel Wartezeit zur Verfügung, können die Schnipsel auch in kleineren Plastikschüsseln mit einem Mixer zerkleinert werden. So entsteht noch schneller die dickflüssige Pulpe.

Pappmachéteig

Material: Papier-Pulpe (s. o.), Küchensieb, Tapetenkleister, Bottich; evtl. Sägemehl, Mehl, Salz
Anzahl: beliebig
Alter: ab 4 Jahren

Die Kinder gießen die Pulpe durch ein Küchensieb, sodass das Papier vom Wasser getrennt wird.

Überschüssiges Wasser drücken sie mit den Händen aus dem Papier heraus, bis im Sieb nur noch eine pampige, nasse Papiermasse zurückbleibt.

Die Kinder rühren den Tapetenkleister in einem Bottich an und kneten ihn mit beiden Händen unter die feuchte Papiermasse, bis ein formbarer Teig entsteht.

Aus diesem herrlich matschigen Pappmachéteig können die Kinder Figuren oder kleine Plastiken formen.

Die fertigen Objekte müssen mehrere Tage trocknen.

Sägemehlpappmaché

Da Papier aus Holz besteht, verbindet sich auch Sägemehl sehr gut mit der klebrigen Papier-Kleistermasse. Beim Unterkneten bleibt viel Sägemehl an den Händen der Kinder kleben und es entsteht eine interessante, raue Materialstruktur.

Mehlpappmaché

Die Kinder vermischen sechs Teile Pulpe mit zwei Teilen Mehl und 2/3 Teil Salz miteinander zu einer formbaren Masse.

Kommt das Mehl mit dem ausgedrückten Papierbrei in Kontakt, verändert es seine Konsistenz und wird schmierig und glitschig. Deshalb eignet sich die Masse besonders zum Überziehen von Gegenständen oder aber auch zum Formen kleinerer Skulpturen.

Körperbatik-Kunstwerk

Material: buntes Seiden- oder Krepppapier in verschiedenen Farben, Sprühflasche mit Wasser
Anzahl: beliebig, in Paaren
Alter: ab 3 Jahren

Die Kinder bilden Paare.
Ein Kind stellt seinen Körper zur Verfügung, den sein Partner mit dem bunten Papier bebatiken darf. Steht Seiden- oder Krepppapier von der Rolle zur Verfügung, wird sein Körper fest mit den bunten Papierbahnen umwickelt, sodass das Papier eng am Körper liegt.
Mit der Sprühflasche spritzen die Kinder auf ihre eingewickelten Partner, bis das Papier klebrig und matschig wird und auf der Haut fest pappt.

Alternativ können die farbigen Papiere auch in größere Schnipsel gerissen und kurz in Wasser getaucht werden, bevor sie auf den Körper des Kindes gedrückt werden.
Da buntes Seiden- und Krepppapier in nassem Zustand Farbe abgibt, hinterlässt es auf der Haut Farbkleckse. Entfernen die Kinder nun das feuchte Papier, werden sie ein buntes Körperbatik-Kunstwerk entdecken! Je mehr Farben sie beim Einwickeln verwendet haben, desto bunter wird die Haut erscheinen.
Zum Schluss findet ein Partnerwechsel statt.
Achtung: Nicht anwenden bei Kindern mit allergischen Hautreaktionen – die Farben gehen erst nach mehrmaligem Waschen ab!

Zeitung lesen ist für uns noch viel zu schwer

Musik und Text: Jakobine Wierz

Refrain:

Zeitung lesen ist für uns noch viel zu schwer.
G'rade wenn es dabei regnet sehr.

1. Halt die Zeitung in den Regen,
dann wirst du es schon erleben,
wie sie aufweicht, oh wie fein,
so dient sie viel Matschereien.

2. Dann lässt sie sich leicht zerreißen,
formen, biegen und auch schmeißen.
Klebt an allem, oh wie fein,
so dient sie viel Matschereien

3. Wer will dann schon Zeitung lesen,
besser ist's mit ihr zu kleben.
Kleisterpampe, oh wie fein,
so dient sie viel Matschereien.

4. Tauche Zeitung in den Kleister,
so wirst du zum Kleistermeister.
Pappmachéteig, oh wie fein,
so dient sie viel Matschereien.

5. Deshalb wir dann lieber panschen,
kleben, formen und auch mantschen.
Zeitungspampe, oh wie fein,
kann 'ne wahre Wonne sein

Gestalten mit Papier

Papierschöpfen

Bei diesem Angebot handelt es sich um eine besonders einfache Form des Papierschöpfens, bei der die Kinder die Wiederverwertung von Papier zu Papier miterleben können.

Material: jede Menge Handtücher und Küchenvliestücher, 1 Stück Fliegengitterdraht (15 x 20 cm) pro Kind, 1 Bottich mit Papier-Pulpe (s. S. 65), Nudelholz, Wäscheleine, Wäscheklammern; evtl. Blütenblätter, Pflanzenteile, Gräser, Krepppapier, Seidenpapier, Lebensmittelfarbe

Anzahl: max. 4 Kinder pro Bottich

Alter: ab 5 Jahren

Die Kinder legen die Handtücher auf dem Boden aus und darüber die Küchenvliestücher. Jedes Kind erhält ein Stück Fliegengitter und taucht dieses vollständig in den Bottich mit Pulpe. Dabei schwenken die Kinder den Fliegendraht im glibberigen Brei langsam hin und her, wodurch er sich gleichmäßig auf dem Fliegengitter ablagert. Mit etwas Übung gelingt dieser Vorgang immer besser, denn die Kinder müssen ein Gefühl für die richtige Menge Papierbrei bekommen.

Sie heben das Gitter aus dem Brei und lassen möglichst viel von dem angesammelten Wasser abtropfen, bevor sie das Sieb mit der breiigen Papierschicht nach unten auf die Haushalts-Vliestücher stülpen. Dabei kann es passieren, dass der Papierbrei nach allen Seiten spritzt.

Nun rollen sie mit dem Nudelholz über das Gitter und drücken damit das restliche Wasser aus dem Brei heraus. Die pampige Pulpe quetscht sich dabei rechts und links unter dem Gitter hervor. Dieser Vorgang wird „Gautschen" genannt. Haben die Kinder den größten Teil des Wassers aus dem Brei gedrückt, löst sich die Papiermasse vom Sieb und hängt nun als feuchter Papierbogen am Vlies.

Diesen hängen die Kinder zum Trocknen mit den Wäscheklammern an der Leine auf.

Sobald das Vlies und das Papier getrocknet sind, lässt sich das Papier spielend leicht vom Vlies lösen und kann z. B. als Malpapier verwendet werden.

Varianten

- Die Kinder mischen der Pulpe zarte Blütenblätter oder andere Pflanzenteile wie z. B. Gras bei. Während des Gautschens pressen sich die Naturmaterialien in das Papier hinein und verschönern die entstehenden Papierbogen.

- Die Kinder färben die Pulpe bunt ein, indem sie Lebensmittelfarbe oder buntes Seiden- und Krepppapier untermischen. Bei Lebensmittelfarbe färbt sich die gesamte Pulpe intensiv bunt, während Seiden- und Krepppapierfetzen den Papierbrei nur leicht einfärben. Dafür pressen sich die Papierfetzen beim Gautschen dekorativ in das Papier ein.

Strukturiertes Papier

Material: 1 Bottich mit Papier-Pulpe (s. S. 65), flaches Sieb, Gegenstände mit auffälliger Struktur (Fußmatte, Strohgeflecht, Holzmodeln, Holz, Asphaltmuster, Terrazzoplatten, Spitzenstoff usw.), Küchenvliestücher; evtl. Nudelholz

Anzahl: beliebig

Alter: ab 4 Jahren

Jedes Kind sucht sich einen Gegenstand aus, dessen Struktur ihm besonders gut gefällt. Mit Hilfe des Siebs schöpfen die Kinder die Pulpe aus dem Bottich, lassen das Wasser etwas

abtropfen und schütten die glibberige Masse auf einen der Gegenstände, bis dieser mit einer ca. 2 cm dicken Papierbreischicht bedeckt ist.

Über den Papierbrei legen die Kinder die Vliestücher, mit denen sie das Wasser vorsichtig aus dem nassen Papierbrei drücken. Dazu rollen sie mit einem Nudelholz über die Tücher oder drucken vorsichtig mit ihren Händen darauf.

Ist genügend Wasser aus dem Brei herausgedrückt, muss die Papiermasse auf der Struktur des Gegenstands trocknen, bevor der feste Papierabdruck abgezogen werden kann.

Zum Schluss begutachten die Kinder gegenseitig ihre plastischen Papier-Abdrücke:

- Lassen sich die Originale ihren Abdrücken immer leicht zuordnen?
- Welche Strukturen lassen sich besonders gut übertragen?
- Welche Gegenstände hinterlassen besonders interessante Strukturen in der getrockneten Papier-Pulpe?

Pulpenplastik

Material: 6 m dünnmaschiger Maschendraht, Bottich mit grober Papier-Pulpe (s. S. 65) mit unterschiedlich stark aufgelösten Papieren

Anzahl: beliebig

Alter: ab 3 Jahren

Gemeinsam mit der Spielleitung geben die Kinder dem Maschendraht eine abstrakte oder konkrete Form, z. B. die eines Tieres.

Mit den Händen schöpfen sie die glibberige Pulpe aus dem Bottich und formen den glitschigen Papierbrei über den Draht, wo er in den Maschen hängen bleibt.

Wer es lebhafter liebt, veranstaltet dabei eine Pulpenschlacht: Die Kinder schleudern den Papierbrei mit aller Kraft gegen den Draht.

Dabei werden alle Drahtlöcher mit dem Brei versiegelt, bis die Figur eine komplette Papierhaut erhalten hat.

Bei einer abstrakten Gestalt können die Kinder einige der Löcher frei lassen und dadurch ein Muster erstellen.

Nach einigen Tagen ist die Figur getrocknet – vielleicht findet sich für sie ein Platz, an dem sie ausgestellt werden kann?

Marmorierte Körbchen

Material: bunte Pappschalen (violett, gelb oder blau, meist als Verpackung für Obst oder Gemüse), Plastikwanne, heißes Wasser, runde Küchensiebe

Anzahl: beliebig

Alter: ab 4 Jahren

Die Kinder zerreißen die Pappschalen in ca. 5 cm große Schnipsel und füllen sie in die Plastikwanne.

Die Spielleitung übergießt die Schnipsel mit heißem Wasser und lässt sie über Nacht einweichen.

Am nächsten Morgen ist aus den Pappschnipseln zwar noch keine breiige Masse geworden, doch die Fetzen sind weich genug, um daraus Schälchen formen zu können. Dazu drücken die Kinder mit ihren Fingern und Fäusten aufgeweichte Pappschnipsel in die runden Siebe hinein, bis sich die Schnipsel lückenlos überlappen.

Wichtig ist, das Wasser immer wieder mit den Fäusten aus dem Sieb zu drücken. So bleiben nicht nur die Pappschnipsel aneinander kleben, sondern sie nehmen auch die Form des Küchensiebes an.

Lassen die Kinder einige kleine Schnipsel über den Siebrand hinausragen, erhalten die Körbchen einen interessanten, unregelmäßigen Rand.

Die bunt gefleckten, marmorierten Papierkörbchen bleiben so lange im Sieb, bis sie trocken sind und sich leicht lösen lassen.

In die Körbchen können die Kinder z. B. ihre kleinen Kostbarkeiten hinein legen.

Variante

Lassen die Kinder zwischen den einzelnen Papierschnipseln im Sieb kleine Lücken, können die Kinder das Körbchen als Windlicht benutzen, indem sie ein Teelicht hinein stellen.

Papierfärben mit Krepppapier

Material: Plastikwannen, Wasser, verschiedenfarbiges Krepppapier, weißes Aquarellpapier, Küchenvliestücher

Anzahl: beliebig

Alter: ab 3 Jahren

Die Kinder füllen mehrere Plastikwannen mit Wasser.

Sie zerkleinern das farbige Krepppapier und verteilen die Papierschnipsel auf die Wannen, wobei sie jede Wanne mit nur einer Farbe füllen. Schon nach kurzer Zeit können die Kinder beobachten, wie sich das Wasser verfärbt.

Verändert sich der Farbton nicht mehr, fischen die Kinder die Papierschnipsel mit ihren Händen aus der Wanne.

Jetzt können die Kinder ausprobieren, wie das bunte Wasser weißes Aquarellpapier einfärbt: Sie tauchen die weißen Bögen in das farbige Wasser und erhalten bunt gefärbtes Papier, das sie zum Trocknen auf Küchenvliestüchern ausbreiten.

Mögen einige Kinder lieber zweifarbiges Papier, tauchen sie einen Bogen nacheinander in zwei verschiedene Farben. Welche Farben lassen sich gut miteinander kombinieren, ohne dass sie verschwimmen und unansehnlich werden?

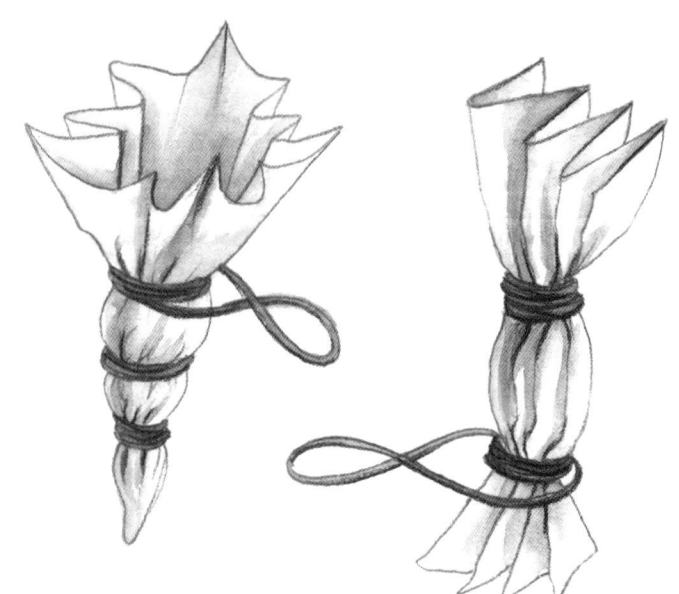

Gebatiktes Papier

Material: Ostereierfarben bzw. Batikfarben oder bunte Tusche, Schüsseln für verschiedene Farben, Tempotaschentücher oder weiße Servietten, Kordel oder Gummis, Wäscheklammern, Wäscheleine
Anzahl: max. 4 Kinder pro Schüssel
Alter: ab 4 Jahren

Entsprechend der Verpackungsbeschreibung rühren die Kinder die Farben in den Schüsseln an.
Die Servietten oder Papiertaschentücher werden mehrmals zusammengefaltet oder an verschiedenen Stellen mit der Kordel oder mit Gummis umwickelt.
Die Kinder tauchen die präparierten Tücher kurz in Farbe ein.
Die Kordeln werden gelöst bzw. die Papiertaschentücher auseinander gefaltet. Durch die Faltungen oder das Abbinden sind verschiedene schöne Muster im Papiertaschentuch entstanden.
Die Tücher hängen die Kinder mit Wäscheklammern an die Leine. Dort können sie trocknen, bevor sie beispielsweise als Schmuckdeckchen verwendet werden.

Geschenkpapier

Material: Packpapierbahnen, Schere, Kreppklebeband, Seidenpapier in mehreren Farben, Eimer mit Wasser; evtl. Zeitungspapier und Fingerfarben
Anzahl: beliebig
Alter: ab 3 Jahren

Die Kinder rollen mehrere Packpapierbahnen auf dem Boden aus und kleben sie mit Kreppklebeband fest.
Das Seidenpapier zerreißen sie in handgroße Papierschnipsel, knüllen sie zusammen und tauchen sie in den Eimer mit Wasser.
Die nassen und matschigen Seidenpapierfetzen werden nun auf das Packpapier gedrückt und bleiben dort so lange liegen, bis das Papier trocken ist.
Jetzt entfernen die Kinder die Papierknäuel vom Packpapier: Sie haben dort farbenfrohe, unregelmäßige Kleckse hinterlassen und das langweilige Packpapier in buntes Geschenkpapier verwandelt!

Variante

Die Kinder bemalen das Packpapier mit einem „Zeitungspinsel":
Sie knüllen einen Zeitungsbogen zu einem Ball zusammen, tauchen ihn in verdünnte Fingerfarbe und verwandeln mit ihm das Packpapier in Geschenkpapier, indem sie durch Drucken, Rollen oder Schleudern die unregelmäßige Struktur des zusammengeknüllten Zeitungspinsels in bunten Farben auf dem Papier hinterlassen.

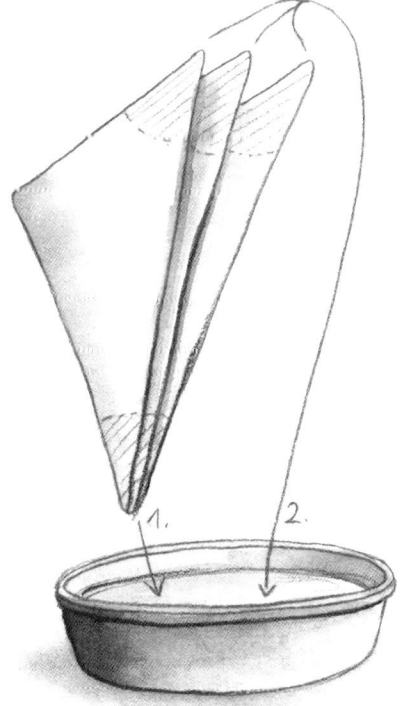

Pappmachéfiguren

Material: Papier, Kleister, Eimer, motivische Kuchenbackformen (diese sind als Tannenbäume, Bär, Schaf usw. im Handel erhältlich), Vaseline; evtl. Temperafarben und Pinsel
Anzahl: 2 Kinder pro Form
Alter: ab 4 Jahren

Die Kinder reißen das Papier zu Schnipseln und rühren den Tapetenkleister entsprechend der Verpackungsbeschreibung im Eimer an.
Jeweils zwei Kinder suchen sich eine Backform aus und fetten sie mit Vaseline ein, damit sich die Papiermasse zum Schluss besser wieder lösen lässt.
Die Papierschnipsel werden in den glibberigen Kleister getaucht, fest in die Hohlform gedrückt und dort glatt gestrichen.
Mehrere Lagen Papierschnipsel tragen die Kinder auf diese Art und Weise übereinander auf, um später eine stabile Form zu erhalten.
Ist die Pappmachémasse getrocknet, lösen die Kinder sie aus der Backform und malen sie, wenn gewünscht, nach Belieben bunt an.

Pappmaché-Lampions

Material: 1 Luftballon und 1 Teelicht pro Kind, Kleister, Zeitungen oder Raufasertapete, Schere, Nadel, Temperafarben, Pinsel
Anzahl: beliebig
Alter: ab 5 Jahren

Die Kinder blasen ihre Luftballons auf.
Den Kleister rühren sie entsprechend der Verpackungsbeschreibung an und schneiden das Zeitungspapier bzw. die Raufasertapete in Streifen.
Sie tauchen die einzelnen Streifen kurz in den Kleister und winden sie um ihren Ballon. Dabei müssen sie ihn gut festhalten, denn durch das eingekleisterte Papier wird der Ballon ganz glit-

schig. Damit der Lampion zum Schluss stabil genug ist, müssen die Kinder mehrere Schichten Kleisterpapier übereinander auftragen. Allerdings sollten zwischen den Papierstreifen kleine Lücken bestehen bleiben, durch die später das Kerzenlicht scheinen kann. Außerdem muss der obere Teil des Ballons unbeklebt bleiben, damit später durch diese Öffnung das Teelicht in den Lampion gestellt werden kann.
Nachdem die Kleisterstreifen getrocknet sind, bringen die Kinder den Luftballon mit einer Nadel zum Platzen, entfernen die Ballonreste durch die obere Öffnung und malen den Lampion bunt an.
An der unteren Seite wird der Lampion leicht eingedrückt, sodass er eine Standfläche erhält. Stellen die Kinder nun das Teelicht in den Lampion, leuchtet das Licht durch die eingearbeiteten Löcher und erhellt die Farben.
Hinweis: Wird der Lampion aus Raufasertapete gestaltet, wirkt er auch unbemalt sehr schön.

Variante

Statt einem normalen Luftballon für jedes Kind können auch Riesenluftballons oder aufblasbare Wasserbälle mit jeweils zwei Kindern gestaltet werden. Bei den Wasserbällen muss darauf geachtet werden, dass die obere Lücke groß genug ist, um den luftleeren Ball dadurch zu entfernen.

Spiele mit Papier

Papier-Kleister-Schlacht

Material: Zeitungen (keine Illustrierte), Bottich mit Kleister, 1 langes Seil oder Kreide
Anzahl: beliebig, gerade Anzahl
Alter: ab 3 Jahren

Jedes Kind knüllt mehrere Zeitungen zu fünf Bällen zusammen. Dabei taucht es die Zeitungsbälle ab und zu in den Kleister, wodurch das Zeitungspapier geschmeidiger und glitschiger wird und sich besser zu einem Ball formen lässt.

Die Spielleitung trennt mit dem Seil oder einem Kreidestrich zwei gleich große Spielfelder voneinander ab. Die Kinder bilden zwei Teams, die sich in jeweils einem der Felder aufstellen.

Alle Kinder nehmen ihre fünf Bälle und werfen sie in das gegnerische Feld – und natürlich auf die Kinder. Gleichzeitig nehmen sie die Bälle, die in ihrem eigenen Spielfeld landen, auf und werfen diese schnell wieder zurück. Nach einer Weile werden sie dabei von oben bis unten mit Kleister eingeschmiert sein!

Ertönt der Abpfiff des Spiels, hat das Team gewonnen, in dessen Feld die wenigsten Bälle liegen.

Hinweis: Werden die Bälle während des Spiels hin und wieder erneut in Kleister eingetaucht, sind sie noch glitschiger und erschweren das Zurückwerfen.

Klingelball

Material: Tapetenkleister, Wanne, Zeitungspapier, Krepppapier, Packpapier, Seidenpapier, 1 Riesen-Luftballon und 1 kleines Messingglöckchen oder Klangkugel für je 2 SpielerInnen, Augenbinden
Anzahl: beliebig, in Paaren
Alter: ab 3 Jahren

Die Kinder rühren den Tapetenkleister in der Wanne entsprechend der Verpackungsbeschreibung an.

Das Papier zerreißen sie in viele kleine Schnipsel und sortieren sie entsprechend der Papierart in vier verschiedene Papierhaufen.

Je zwei Kinder finden sich zusammen. Sie schieben in einen Riesen-Luftballon durch den Hals ein kleines Glöckchen und blasen ihn auf. Beim Verknoten des Ballons ist ihnen die Spielleitung behilflich.

Nun tauchen die Kinder die Schnipsel kurz in den Kleister und legen sie auf den Ballon auf. Es sollten mind. vier Schichten der Papierschnipsel übereinander aufgetragen werden, um dem Klingelball genügend Stabilität zu verleihen. Dabei sind den Kindern die verschiedenen Papiere behilflich, die für je eine Papierschicht stehen. Damit die Bälle möglichst bunt werden, beginnen die Kinder mit dem Zeitungspapier, dann folgt das Krepppapier, darüber das Packpapier und zuletzt das Seidenpapier, bis die Bälle komplett beklebt sind.

Für einige Stunden müssen die Bälle nun zum Trocknen beiseite gelegt werden.

Klingelball-Spiel

Die Kinder, die gemeinsam einen Klingelball gebastelt haben, gehen wieder als Paare zusammen und setzen sich mit wenigen Metern Abstand gegenüber auf den Boden. Die Spielleitung verbindet ihnen die Augen.

Ein Kind jedes Paares erhält den Klingelball und rollt ihn mit verbundenen Augen seinem Partner zu. Dieser muss genau auf das Glöckchen im Ball horchen, um nach Gehör den Ball erwischen zu können.

Um bei einer größeren Kindergruppe und vielen Klingelbällen die Zuordnung zu erleichtern, ruft das Kind, sobald es dem Ball einen Stoß gibt, den Namen seines Partners, sodass dieser weiß: Das nächste Glöckchen gilt mir!

Matschen, Schmieren, Spielen und Gestalten

...mit Wasser & Seife

Wasser ist aufgrund seiner Vielfältigkeit ein phantastisches Spielmaterial für Kinder: Wasser erfrischt, es macht nass, es kann kalt oder warm sein, es lässt Gegenstände schwimmen und macht sie dadurch leichter oder es kann zu Eis gefrieren. Die verschiedensten Wahrnehmungskanäle werden somit durch Wasser angesprochen. Das wirkt sich auch auf den spielerischen Umgang von Kindern mit dem Material aus: Sie plantschen mit Begeisterung im Wasser und genießen das Nass, sie halten mit ihren Fingern den Wasserhahn zu, bis das Wasser in alle Richtungen spritzt, sie füllen Wasser von einem Eimer in den anderen, werfen Wasserbomben, bespritzen sich mit Wasserspritzen oder experimentieren mit dem Gartenschlauch. Temperatur, Konsistenz, Gewicht und Oberflächenbeschaffenheit werden so mit Wasser für Kinder erlebbar.

Diese Begeisterung kann durch das Hinzufügen von Seife noch gesteigert werden. Wasser und Seife ergeben Schaum, aus dem sich wunderschöne Seifenblasen formen lassen, oder es entsteht eine schmierige, glitschige Rutschbahn; auch Gegenstände werden in Verbindung von Wasser und Seife unhaltbar und gleiten uns aus den Händen, sodass das Matschen, Schmieren und Schmuddeln wie selbstverständlich dazu gehört.

Annäherung an die Materialien Wasser & Seife

Wasserschlauchfontaine

Material: Wasserschlauch; evtl. 1 Gummiball
Anzahl: beliebig
Alter: ab 3 Jahren

Die Spielleitung schließt den Wasserschlauch an und lässt die Kinder damit spielerisch Erfahrungen machen, indem sie ihnen einige Anregungen gibt – Wasser Marsch!

● Die Kinder experimentieren zunächst frei mit dem Wasserschlauch.
● Sie halten die Finger vor die Schlauchöffnung und beobachten, welch unterschiedliche Fontänen sich dabei entwickeln.
● Sie probieren aus, wie sie den Schlauch halten müssen, damit der Strahl in einem hohen, großen Bogen spritzt.
● Die Kinder halten den Schlauch so, dass die anderen unter dem Wasserbogen hindurch laufen können, ohne nass zu werden.
● Die Kinder bespritzen sich gegenseitig mit dem Schlauch.
● Die Kinder bewegen z. B. einen Ball mit dem Strahl des Wasserschlauchs und entdecken dabei die Kraft des Wasserstrahls.

Wasserbombenschlacht

Material: viele kleine Luftballons („Wasser bomben"), Wasserhahn bzw. Wasser schlauch
Anzahl: beliebig
Alter: ab 3 Jahren

Die Kinder stülpen die Ballons über den Wasserhahn oder die Düse des Wasserschlauchs, füllen sie mit Wasser und verknoten sie (evtl. mit Hilfe der Spielleitung).

Schon kann die lustige Wasserschlacht beginnen: Jedes Kind nimmt sich einige der Wasserbomben und bewirft damit die anderen Kinder.
Achtung: Auf den Kopf darf nicht gezielt werden!
Welches Kind schafft es am längsten trocken zu bleiben?

Wassermassage

Material: Massagematerialien (Schwämme mit verschiedenen Strukturen, Schaumstoff, Lappen, unterschiedlich breite Pinsel, Waschlappen, Wasserspritzen, Gießkannen usw.), 2 Schüsseln mit kaltem und warmem Wasser
Anzahl: beliebig, in Paaren
Alter: ab 3 Jahren

Die Kinder bilden Paare.
Das Kind, das sich massieren lassen möchte, legt sich bequem auf den Bauch. Das andere wird zum Masseur und sucht sich aus den Massagematerialien einige aus, mit dem es seinen Partner massieren und verwöhnen möchte.
Dazu stehen ihm die verschiedenen Schwämme oder Pinsel zur Verfügung, die es nach Belieben in das kalte oder warme Wasser tauchen kann. Aber auch Sprühflaschen oder Gießkannen etc. können mit verschieden temperiertem Wasser gefüllt werden, um den Partner mit dem Wasserstrahl zu massieren.
Hat das Kind seine Massage genossen, findet ein Partnertausch statt.
Hinweis: Das Kind, das massiert wird, darf jederzeit die Massage unterbrechen oder ein anderes Massagemittel wünschen. Die Massage soll unbedingt angenehm sein.

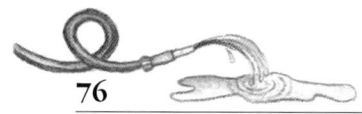

Kalt-Warm-Parcours

Material: mehrere Wannen, Schüsseln oder Eimer, eiskaltes, lauwarmes und warmes Wasser, Augenbinden
Anzahl: beliebig, in Paaren
Alter: ab 3 Jahren

Die Gefäße werden mit unterschiedlich temperiertem Wasser gefüllt und in einer Reihe zu einem Parcours aufgestellt.

Alle Kinder suchen sich einen Partner. Einem Kind werden die Augen verbunden, während das andere die Führung übernimmt und seinen „blinden" Partner sicher durch den Parcours leitet.

Dabei können die Kinder ihre Empfindungen beschreiben:

- Welcher Wanneninhalt fühlt sich kalt an und welcher warm?
- Welche Temperaturen sind angenehm, welche sorgen für kleine Überraschungsschreie?

In einer zweiten Runde werden die Rollen getauscht. Damit auch das zweite Kind seine „Überraschungen" erlebt, sollte die Aufstellung der Wannen neu arrangiert werden.

Wasser hören

Material: verschiedene Gefäße, z. B. Flaschen, Gläser, Gießkannen, Becher usw., Wasserschlauch, Augenbinden
Anzahl: beliebig
Alter: ab 3 Jahren

Jedes Kind erhält eines der Gefäße.

Mit verbundenen Augen hält ein Kind sein Gefäß fest in beiden Händen, während ein anderes es langsam mit dem Wasserschlauch füllt.

Glaubt das „blinde" Kind zu hören, dass sein Gefäß fast randvoll ist, ruft es: „Stopp!"

Sofort wird der Wasserschlauch zugedreht und die Augenbinde gelöst. Nun kann es nachschauen, ob es richtig gehört hat.

Warten die Kinder zu lange, wird das Hörexperiment zu einer recht nassen Angelegenheit!

Hinweis: Bei verschiedenen Wasserbehältern ist das „richtige Hören" unterschiedlich schwierig.

Was schwimmt?

Material: 1 Plantschbecken oder Wanne mit Wasser
Anzahl: beliebig
Alter: ab 3 Jahren

Die Kinder suchen in ihrer Umgebung Gegenstände, von denen sie glauben, dass sie schwimmen können.

Hat jedes Kind einige Dinge gefunden, geht es damit zum Plantschbecken und wirft sie ins Wasser, sodass es nach allen Seiten spritzt.

Welche Gegenstände können tatsächlich schwimmen? Alle „Nichtschwimmer" werden aus dem feuchten Nass herausgefischt und aussortiert.

Dabei beobachten die Kinder, dass es Gegenstände gibt, die direkt im Wasser versinken und andere, die sich erst langsam mit Wasser voll saugen, um danach auf den Boden des Becken zu sinken. Ihre Beobachtungen und Erfahrungen werden sie am Beckenrand sicher miteinander austauschen.

Seifenblasenexperimente

Material: 2 Schüsseln, mehrere Becher, Strohhalme, Löffel, Rezeptzutaten
Anzahl: beliebig
Alter: ab 4 Jahren

Seifenflockenrezept

2 EL Seifenflocken, 1 l heißes Wasser

Traubenzuckerrezept

1 l Wasser, 50 g Traubenzucker, 25 g Tapetenkleister, 70 g Neutralseife

Die Kinder entscheiden sich für ein Rezept und vermischen die Zutaten in einer Schüssel miteinander zu einer schmierigen, schaumigen Masse.
Beim Anrühren des Seifenflockenrezepts muss die Mischung einige Tage ruhen, um eine gute Seifenblasenkonsistenz zu entwickeln.

Seifenlaugen-Experimente

- Die Kinder füllen etwas Lauge in einen Becher und blasen mit einem Strohhalm in die Lauge hinein. Es entsteht eine schaumige Konsistenz, die bei heftigem Pusten auch über den Becher laufen kann.
- Wie viel Seifenlauge müssen die Kinder mit dem Strohhalm ansaugen, um daraus eine Seifenblase pusten zu können?
- Wie fest dürfen die Kinder pusten, um Seifenblasen zu erhalten?
- Wer pustet die größte/die kleinste Seifenblase?
- Wessen Seifenblase hält sich am längsten in der Luft?
- Wer balanciert seine Seifenblase über einen Parcours?
- Wer bläst seine Seifenblase am weitesten?
- Wem gelingt eine doppelte Seifenblase?

Hinweise:
- Vorsicht bei kleineren Kindern! Es besteht die Gefahr, dass sie etwas Seifenlauge verschlucken!
- Die Mengen beider Rezepte können die Kinder jederzeit vervielfachen und in Eimern oder Wannen anrühren.

Schaum-Strampeln

Material: Plantschbecken, Wasserschlauch, Wasser, Badezusatz oder Duschgel
Anzahl: beliebig (je nach Beckengröße)
Alter: ab 3 Jahren

Gemeinsam mit der Spielleitung füllen die Kinder das Plantschbecken mit Wasser und geben jede Menge Badezusatz hinein, bevor sie in das feuchte Nass steigen.
Mit Armen und Beinen, Händen und Füßen strampeln die Kinder wild im Becken herum, sodass möglichst viel Badeschaum entsteht, mit dem sie herummatschen können:
Wer mag eine Schaumkrone aufsetzen oder sich ganz in den Schaum einhüllen?

Schmierseifenrutschbahn

Material: 4–6 m große Plastikplane, Schmierseife oder Kernseife, Wasser
Anzahl: beliebig
Alter: ab 3 Jahren

Über eine abschüssige Strecke legt die Spielleitung gemeinsam mit den Kindern die Plastikplane aus.
Mit viel Wasser und Seife wird die Bahn so bearbeitet, dass sie möglichst glitschig ist.
Wenn die Kinder mit Händen und Füßen kaum noch Halt auf der Plane finden, kann die Rutschpartie losgehen. Dabei können sie auf dem Hosenboden rutschen, mit den Füßen schlittern oder Pirouetten drehen usw.

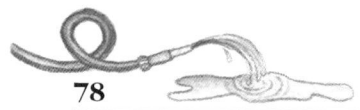

Gestalten mit Wasser & Seife

Vergängliche Wasserbilder

Material: 1 Wasserspritze pro Kind, Wanne mit Wasser, trockene Asphaltfläche
Anzahl: beliebig
Alter: ab 3 Jahren

Die Kinder füllen die Wasserspritzen mit Wasser und spritzen damit Motive auf den Asphalt. Ist der Asphalt sehr heiß, werden die Bilder nur von kurzer Dauer sein.

Die vergänglichen Wasserbilder können auch als Spielvorlage dienen:

Ein Kind spritzt ein Bild oder eine Figur auf den Asphalt, während die anderen rätseln, was gemeint ist. Wer es errät, ist der nächste Straßenmaler.

Seifenfiguren

Material: 20 Tassen Seifenflocken bzw. Seifennadeln oder geriebene Kernseife (Drogerie), 20 EL Wasser, Schüssel, Patisserieförmchen (Haushaltswarengeschäft); evtl. Lebensmittelfarbe
Anzahl: Rezept für ca. 6 Seifenfiguren
Alter: ab 4 Jahren

Die Kinder vermischen die Seifenflocken und das Wasser in der Schüssel miteinander und kneten sie so fest durch, dass eine formbare Masse entsteht.

Sie spülen die Patisserieförmchen mit Wasser aus, damit sich die Seifenmotive später besser aus den Formen lösen lassen.

Die Seifenmasse drücken die Kinder in die Patisserieförmchen, bis diese ganz ausgefüllt sind.

Lösen sie die Masse wieder aus den Förmchen, erhalten sie lustige Seifenfiguren, die sie ganz normal als Seife im Badezimmer verwenden können.

Hinweis: Die Seifenmasse kann jederzeit in größeren Mengen hergestellt werden, indem die Maßangaben entsprechend vervielfacht werden.

Variante

Wer möchte, kann die Seifenmasse beim Durchkneten auch mit Lebensmittelfarbe einfärben oder auch ganz frei Figuren formen.

Rasierschaumbilder

Material: Plastikplane oder PVC-Boden, Rasierschaum
Anzahl: beliebig
Alter: ab 3 Jahren

Die Kinder rollen die Plastikplane auf dem Boden aus und sprühen den Rasierschaum darauf.

Während sie den Schaum mit den Händen auf der Plane gleichmäßig verteilen, experimentieren sie mit dem Rasierschaum. Sie können mit ihm matschen und ihn überall verschmieren und verstreichen.

Haben sie den Schaum zu einer gleichmäßigen Fläche verstrichen, malen sie mit den Fingern auf der Planen-Leinwand abstrakte oder konkrete Bilder in den Schaum.

Gefällt ihnen ein Bild nicht, verschmieren sie den Schaum erneut und beginnen von vorn.

Bunte Seife

Material: flüssige Seife, Lebensmittelfarben, 1 Schüssel pro Farbe
Anzahl: beliebig
Alter: ab 3 Jahren

Die flüssige Seife wird auf die verschiedenen Schüsseln aufgeteilt und in jede ein Spritzer Lebensmittelfarbe gegeben.

Je mehr Farbe die Kinder verwenden, umso intensiver wird die Seifenfarbe.

In der Badewanne, im Plantschbecken oder unter der Dusche können die Kinder damit wunderbar experimentieren, indem sie das Wasser mit den verschiedenen Farben einfärben oder mit den bunten Seifen ihren Körper bemalen.

Spiele mit Wasser & Seife

Schwimmendes Obst

Material: schwimmendes Obst (z. B. Apfelstücke, Trauben usw.), Plantschbecken mit Wasser

Anzahl: beliebig

Alter: ab 4 Jahren

In das mit Wasser gefüllte Plantschbecken gibt die Spielleitung mehrere Obststücke, die im Wasser schwimmen.

Welchem Kind gelingt es mit dem Mund ein Obststück zu erhaschen, ohne dabei die Hände zu benutzen?

Wenn die Kinder den Mut haben ihren Kopf in das Wasser zu tauchen und dabei nach dem Obststück zu schnappen, ist es gar nicht so schwer!

Wasserwettrennen

Material: 4 aufblasbare Plantschbecken oder Wannen, Wasser, 2 kleine Eimer; evtl. 1 Wasserspritze pro SpielerIn

Anzahl: beliebig, gerade Anzahl

Alter: ab 4 Jahren

Es werden zwei Teams gebildet.

Vor jedem Team steht ein mit Wasser gefülltes Plantschbecken und gegenüber befindet sich in ungefähr 8 Metern Entfernung ein leeres Wasserbecken, zusätzlich erhält jedes Team einen Eimer.

Ziel des Spiels ist es, möglichst schnell so viel Wasser wie möglich aus dem ersten in das zweite Becken zu transportieren.

Dazu füllt der erste Spieler eines jeden Teams seinen Eimer mit Wasser, läuft zu dem leeren Becken und leert dort seinen Eimer aus. Dann läuft er wieder zu seinem Team zurück und übergibt dem nächsten Spieler den Eimer.

Je schneller die SpielerInnen dabei laufen, desto mehr Wasser schwappt natürlich aus den Eimern. Vielleicht versuchen einige SpielerInnen der Schnelligkeit wegen das Wasser schon aus einer größeren Distanz in das Becken zu schütten – das kann eine recht nasse Angelegenheit werden und leider geht viel kostbares Wasser dabei verloren!

Hat ein Team sein Becken vollkommen geleert, endet das Spiel. Gewonnen hat aber das Team, in dessen Zielbecken das meiste Wasser ist!

Variante

Jedes Kind erhält eine Wasserspritze.

Die leere Wanne wird bis auf 1 Meter an das volle Becken herangerückt und die Spielleitung zieht eine Linie vor dem Wasserbecken, die während des Spiels nicht übertreten werden darf.

Jedes Team spritzt nun während eines festgelegten Zeitrahmens (ca. 5 min) gemeinsam möglichst viel Wasser von dem gefüllten Becken in die leere Wanne, wobei die Kinder ihre Spritzen in der Wasserwanne immer neu füllen.

Gewonnen hat das Team, das in der festgelegten Zeit das meiste Wasser in die leere Wanne gespritzt hat.

Die Kraft des Wasserstrahls

Material: aufblasbares Wasserbecken mit Wasser, Wäscheleine, 1 Wasserspritze pro SpielerIn, mehrere Tischtennisbälle, 2 Wannen mit Wasser

Anzahl: max. 14 SpielerInnen, gerade Anzahl

Alter: ab 3 Jahren

Die Spielleitung legt die Wäscheleine so über den Boden des Wasserbeckens, dass zwei Spielfelder entstehen.

Die Kinder bilden zwei Teams und jedes Kind erhält eine Wasserspritze.

Die beiden Teams stellen sich einander gegenüber um das Becken herum auf. In ihrer Nähe wird ihnen jeweils eine Wanne mit Wasser zum Auffüllen der Wasserspritzen bereit gestellt.

In die Mitte des Beckens werden mehre Tischtennisbälle gelegt, die auf der Wasseroberfläche schwimmen.

Jedes Team hat die Aufgabe, innerhalb von 4 Minuten die Tischtennisbälle mithilfe des Strahls der Wasserspritze in das gegenüberliegende Spielfeld zu befördern. Da das gegnerische Team natürlich dagegen hält, hebt ein wildes Hin- und Herspritzen der Bälle an, wobei sicher nicht alle Kinder am Beckenrand trocken bleiben!

Gewonnen hat das Team, in dessen Feld nach Ablauf der Spielzeit die wenigsten Bälle liegen.

Wasserbomben-Transport

Material: 20 Luftballons, Wasser; evtl. 1 Besenstiel pro SpielerIn
Anzahl: beliebig, gerade Anzahl
Alter: ab 4 Jahren

Die Luftballons füllt die Spielleitung gemeinsam mit den Kindern mit Wasser und verknotet sie. Die Kinder bilden zwei Teams.

Jedes Team unterteilt sich in zwei Gruppen, die sich einander gegenüber mit dem Rücken auf den Boden legen, sodass jeder Spieler die beiden Füße eines Spielers der anderen Gruppe berühren kann: So entsteht pro Team ein Spalier.

Die Aufgabe jedes Teams besteht darin, so schnell wie möglich zehn mit Wasser gefüllte Ballons mit den Füßen von einer Seite des Spaliers auf die andere zu transportieren. Dabei halten die beiden einander gegenüberliegenden Kinder den Ballon mit ihren Füßen fest und geben ihn an die beiden nächsten Kinderfüße weiter.

Achtung: Fällt die Wasserbombe zu Boden oder wird sie zu fest gedrückt, zerplatzt sie und die Kinder müssen eine kurze Dusche über sich ergehen lassen!

Welches Team hat als erstes keine Wasserbombe mehr übrig und welches Team hat die meisten Ballons heil ans andere Ende des Spaliers transportiert?

Variante

Etwas ältere Kinder balancieren zu zweit eine Wasserbombe mit Hilfe von zwei Besenstielen über einen festgelegten Parcours.

Dabei hält ein Spieler seinen Besenstiel in der rechten Hand, während der andere Spieler den Besenstiel in die linke Hand nimmt. Zwischen ihren beiden Stielen quetschen sie den mit Wasser gefüllten Ballon.

Welches Paar schafft es, den Ballon so schnell wie möglich über die Ziellinie zu transportieren?

Luftballon-Wettrasieren

Material: viele Luftballons in 2 verschiedenen Farben, Rasierschaum, Klebeband, 2 Einwegrasierer
Anzahl: beliebig, gerade Anzahl
Alter: ab 4 Jahren

Die Kinder bilden zwei Teams.
Jedes Team erhält gleich viele Luftballons (mind. in der Anzahl der Teammitglieder) in einer bestimmten Farbe.
Die Kinder blasen die Ballons gemeinsam auf, seifen sie mit Rasierschaum ein und befestigen sie mit Klebeband an der Wand.
Beide Teams stellen sich jeweils hintereinander vor den Ballons auf und die Spielleitung legt zwei Einwegrasierer bereit.
Auf ein Startzeichen rennen die ersten beiden Kinder eines jeden Teams los und rasieren einen Ballon ihrer Farbe.
Haben sie ihn vom Schaum befreit, übergeben sie den Rasierer an die nächsten beiden Kinder.
Beim Rasieren können die Ballons natürlich schnell platzen und sorgen so für schaumige Überraschungen!
Bei welchem Team hängen nach Ablauf von 3 Minuten mehr sauber rasierte (und nicht geplatzte!) Luftballons an der Wand?

Seifenblasen spritzen

Material: Seifenlauge (s. S. 77 „Seifenblasen-experimente"), Strohhalme oder Blasringe, Wasserspritzen
Anzahl: beliebig, gerade Anzahl
Alter: ab 3 Jahren

Es werden zwei Teams gebildet.
Die Aufgabe des einen Teams besteht darin, mit den Strohhalmen möglichst viele Seifenblasen zu pusten, während die andere Gruppe mit Wasserspritzen die Seifenblasen zum Platzen bringt.
Da die Kinder dabei sicherlich nicht nur die Seifenblasen treffen, sondern auch die anderen SpielerInnen, wird das Spiel schnell zu einer erfrischend-nassen Angelegenheit.
Nach Ablauf einer bestimmten Zeit tauschen die Teams ihre Rollen.

Seifenballspiel

Bei diesem Spiel ohne SiegerIn steht ein Stück nasse Seife im Mittelpunkt!

Material: 1 Stück runde Seife, Wasser
Anzahl: ab 3 SpielerInnen
Alter: ab 5 Jahren

Die Seife wird von der Spielleitung präpariert, indem sie für ungefähr eine halbe Minute in Wasser getaucht wird. Auf diese Weise wird sie so glitschig, dass sie sich kaum mit den Händen halten lässt.
Die SpielerInnen stellen sich im Kreis auf und werfen sich die nasse Seife zu – wie lange gelingt es die Seife aufzufangen und weiterzuwerfen?

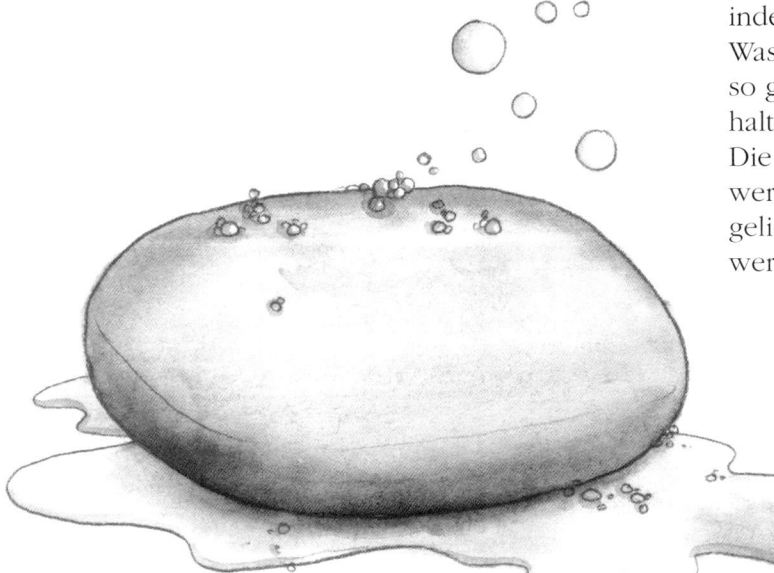

Schwimmbad-Spiele

Spiele im Schwimmbad ermöglichen Kindern weitere „hautnahe" Erfahrungsmöglichkeiten im Umgang mit Wasser. Hier erleben sie, dass nicht nur Gegenstände vom Wasser getragen werden können, sondern auch sie selbst mit ihrem ganzen Körper. Außerdem eignet sich die Umgebung im Schwimmbad optimal für hemmungsloses Plantschen und Spritzen, was die Kinder ausgiebig nutzen werden.

Eine gute Gelegenheit bietet sich hier aber auch über die Gefahren des Naturelementes Wasser zu sprechen und bei den Kindern ein Bewusstsein dafür zu schaffen. Sicherlich ist es hilfreich, mit den Kindern Zeichen zu vereinbaren, die sie untereinander achten: Wem das Spritzen zu viel wird, wer Wasser geschluckt hat oder nicht mehr genug Luft bekommt, hebt z. B. die Hand oder ruft laut „Stopp!" Selbstverständlich müssen alle NichtschwimmerInnen stets Schwimmhilfen tragen (auch im Plantschbecken!) und gleichzeitig beaufsichtigt werden – aber dann geht's mit viel Spaß auf in die Fluten!

Ballonwettstrampeln

Material: 1 Luftballon pro Kind, mehrere
wasserfeste Stifte, Nichtschwimmerbecken, Schwimmhilfen
Anzahl: beliebig
Alter: ab 4 Jahren

Jedes Kind erhält einen Luftballon, bläst ihn auf und verknotet ihn mithilfe der Spielleitung.
Mit den wasserfesten Stiften malen die Kinder ein persönliches Erkennungszeichen (Sonne, Mond, Stern oder Baum usw.) auf ihren Luftballon.
Alle Kinder setzen sich nebeneinander an eine Seite des Beckenrands und lassen ihre Beine ins Wasser hängen.
Auf ein Startzeichen legt jedes Kind seinen Ballon auf das Wasser und beginnt heftig mit den Beinen zu strampeln, um ihn möglichst weit in Richtung Beckenmitte zu treiben. Vielleicht haben die Kinder während des Strampelns auch Spaß daran sich gegenseitig nasszuspritzen und sich so daran zu hindern, den eigenen Ballon voranzutreiben?
Je nach Beckengröße beendet die Spielleitung das Spiel nach ca. 20 Sekunden und alle Kinder hören auf zu strampeln. Wessen Ballon hat das Wettstrampeln gewonnen und liegt vorn?

Entenlauf

Material: flaches Becken, Schwimmhilfen
Anzahl: beliebig
Alter: ab 4 Jahren

Die Kinder stellen sich hintereinander in einer Schlange auf und bewegen sich vorwärts. Dabei richten sie ihre Fortbewegungsart nach dem „Kopf" der Schlange. Mögliche Gangarten sind z. B. watscheln wie eine Ente, schreiten wie ein Storch oder hüpfen wie ein Frosch.
Jedes Kind darf einmal die Schlange in einer Gangart anführen.

Haifischfangen

Material: Nichtschwimmerbecken, Schwimm-
hilfen, mehrere Luftballons, Kordel,
Schere
Anzahl: beliebig
Alter: ab 5 Jahren

Ein Kind darf in die Rolle des Haifisches schlüpfen und erhält einen aufgeblasenen Luftballon, den ihm die Spielleitung mit der Kordel auf den Rücken bindet.
Alle anderen Kinder werden zu HaifischfängerInnen. Gemeinsam mit dem Haifisch gehen sie ins Wasser und lassen ihm etwas Vorsprung.

Auf ein Startzeichen hin bewegen sich alle HaifischfängerInnen auf den Haifisch zu.

Das Kind, dem es gelingt mit seinen Händen als erstes den Luftballon auf dem Rücken des Haifisches zum Platzen zu bringen, hat gewonnen und darf als nächstes die Rolle des Haifisches übernehmen. Dabei kommt es sicher zu einem spritzigen Wasserkampf!

Fischerball

Material: Nichtschwimmer- oder Flachbecken, Schwimmhilfen, bis zu 50 Tennisbälle oder kleine Hartgummibälle, verschiedenfarbige Eimer für alle Kinder

Anzahl: bis 10 Kinder

Alter: ab 5 Jahren

Alle Kinder werden zu Fischern. Sie stellen sich an den Beckenrand und werfen die Bälle, die hier die Fische darstellen, in das Becken.

Jedes Kind sucht sich einen der verschiedenfarbigen Eimer aus und stellt ihn für sich am Beckenrand bereit.

Alle springen gleichzeitig in das Becken hinein und angeln möglichst viele „Fische" aus dem Wasser. An Land können sie die gefangenen Fische in ihrem Eimer sammeln.

Das Spiel ist beendet, sobald alle Fische gefangen sind. Welches Kind hat die meisten Fische in seinem Eimer?

Wasser-Tauziehen

Material: Nichtschwimmer- oder Flachbecken, Schwimmhilfen, 1 langes Tau

Anzahl: beliebig

Alter: ab 5 Jahren

Die Kinder bilden zwei Teams und stellen sich auf zwei gegenüberliegenden Beckenseiten hintereinander auf.

Die Spielleitung legt das Tau quer über das Becken, sodass alle Kinder eines Teams an einem Tauende anfassen können.

Auf ein Startzeichen beginnt das Tauziehen: Mit aller Kraft versucht jedes Team das andere ins Wasser zu ziehen. Welches Team wird zum Schluss ein Wasserbad nehmen müssen?

Wassergeist

Material: Nichtschwimmer- oder Flachbecken, Schwimmhilfen

Anzahl: beliebig

Alter: ab 5 Jahren

Ein Kind schlüpft in die Rolle des Wassergeistes und stellt sich im Wasser am Beckenrand auf.

Alle anderen Kinder stehen ebenfalls im Wasser am anderen Beckenrand dem Wassergeist gegenüber.

Der Wassergeist ruft den Kindern zu: „Wer fürchtet sich vor'm Wassergeist?" Die Kinder antworten: „Niemand!" – „Und wenn er kommt?" – „Dann spritzen wir!"

Daraufhin laufen der Wassergeist und die Kinder aufeinander zu. Die Kinder bewegen sich dabei spritzend vorwärts und versuchen so am Wassergeist vorbei auf die andere Beckenseite zu gelangen.

Alle Kinder, die der Wassergeist dennoch abschlagen kann, werden zu seinen Gehilfen und sind bei der nächsten Runde gemeinsam mit dem Wassergeist Fänger.

Das Kind, das es als letztes schafft an allen FängerInnen vorbeizukommen, darf beim nächsten Spiel Wassergeist sein.

Matschen, Schmieren, Spielen und Gestalten

...mit Teig

Matschen ist nicht nur eine Sache von Ton, Gips, Kleister oder anderen formbaren und geschmeidigen Materialien, sondern ebenso von Teigen und Rezepturen. Für Kinder ist es immer wieder ein Erlebnis verschiedene Zutaten miteinander zu vermischen und alles zu einem formbaren Teig zu vermengen. Das Kneten der häufig glitschigen, schmierigen Ausgangsmasse macht den Kindern besonders viel Freude. Da wird gerührt und geknetet, bis der Teig zwischen den Fingern hervorquillt, und oft stecken die Kinder vor Begeisterung bis an die Schultern im Teig.

In diesem Zusammenhang haben auch Konsistenzänderungen für die Kinder eine besondere Faszination. Ist z. B. ein leckerer Kuchenteig nach geraumer Zeit verarbeitet, können die Kinder es kaum erwarten, bis er im Backofen aufgeht und sich in einen festen Kuchen verwandelt. Können sie das duftende Gebäck endlich verspeisen, tunken viele Kinder ihr Stück Kuchen liebend gerne in Kakao. Dabei können sie beobachten, wie es langsam seine feste Konsistenz wieder verliert, indem es sich mit Flüssigkeit voll saugt. Matschend, schmierend und spielend machen Kinder so viele unterschiedliche Erfahrungen mit Teigen und ungewöhnlichen Rezepturen.

Hinweise zum Umgang mit Teig

- Da es sich bei den folgenden Teigen nicht nur um essbare Teige handelt, sollte die Spielleitung die Zutaten mit den Kindern besprechen und sie durch Schmecken, Riechen oder Fühlen mit ihnen vertraut machen, sodass deutlich wird, welche Zutaten essbar sind und welche nicht.

- Die Kinder sollten die Zutaten gemeinsam mit der Spielleitung abwiegen können.

- Die meisten Teige lassen sich einfach durch verdoppeln der Mengenangaben in größeren Mengen in Bottichen oder Plastikwannen anrühren.

- Je größer die Teigmenge wird, desto schwerer ist es für die Kinder den Teig mit den Händen zu verkneten. Sie benötigen dann einen Handmixer.

- Die nicht essbaren und bunten Teige faszinieren durch Materialien, die normalerweise nicht zur Herstellung von Teig benutzt werden. Deshalb besteht der Reiz dieser Teige vor allem darin, die ungewöhnlichen Zutaten miteinander zu vermengen und dabei taktil zu erfahren. Außerdem können die Kinder daraus verschiedene kleine Gegenstände formen.

Bastel-Teige und Rezepturen

Strandteig

Durch die besondere Verbindung von Kleister und Sand wird dieser Teig für die Kinder zu einem haptischen Erlebnis.

Material: 1 Teil Kleister, 2 Teile Sand, Eimer
Anzahl: beliebig
Alter: ab 4 Jahren

Die Kinder rühren den Kleister entsprechend der Verpackungsbeschreibung in einem Eimer an.
Zwei Teile Sand werden mit einem Teil Kleister zu einem knetartigen Teig vermischt, bis eine formbare Masse entstanden ist, die wie Knetmasse bearbeitet werden kann.
Die Kinder können daraus kleine Figuren modellieren, die anschließend an der Luft zwei bis drei Tage trocknen.

Salzteig

Salzteig eignet sich im Gegensatz zu anderen Teigen vor allem zum Modellieren größerer Objekte und muss im Backofen gebacken werden.

Zutaten: 10 Tassen Mehl, 10 Tassen Salz, 10 EL Alaun, Wasser
Material: Backblech, Backpapier, Wanne, Wasserfarben, Kordel oder Magnete und Klebstoff
Anzahl: beliebig
Alter: ab 4 Jahren

Die Kinder belegen das Backblech mit Backpapier und heizen den Backofen auf 100° C vor.
In der Wanne vermischen sie das Mehl mit dem Salz und dem Alaun.
Nach und nach gießen die Kinder Wasser dazu und kneten dabei die Zutaten mit den Händen, bis ein formbarer Teig entsteht.
Diesen Teig können die Kinder zu verschiedenen Formen modellieren. Dabei ist der Phantasie der Kinder keine Grenze gesetzt: Da entstehen Türschilder oder Tiere oder die Kinder benutzen den Teig einfach zum Ausrollen und zum Formen von Wülsten oder Kugeln.
Die fertigen Figuren legen sie auf das Backblech, schieben dieses in den vorgeheizten Backofen und lassen die Figuren bei 100° C trocknen, bis sie erhärtet sind.
Nach dem Abkühlen können die Kinder ihre Figuren mit Wasserfarben bemalen.
Zum Schluss werden die Magnete mit Klebstoff an den Figuren befestigt oder die Kinder hängen sie mit einer Kordel an die Wand.

Waschmittelteig

Es kann für Kinder sehr reizvoll sein aus Materialien, die sie aus anderen Zusammenhängen kennen, Teige zu formen, mit denen sie experimentieren und gestalten können. In diesem Fall handelt es sich bei allen Zutaten um außergewöhnliche Teigmaterialien.

Material: 18 Scheiben altes Kastenweißbrot
(Toastbrot), 18 EL Weißleim,
6 TL flüssiges Waschmittel, Wanne
Anzahl: Rezept für max. 5 Kinder
Alter: ab 4 Jahren

Die Kinder zerkrümeln das Brot in der Wanne. Sie fügen die übrigen Zutaten hinzu und verkneten mit den Händen alles zu einem geschmeidigen Teig.
Dieser Teig lässt sich von den Kindern wie Ton modellieren. Die gestalteten Objekte können an der Luft trocknen.

Blütenblätterteig

Die besondere Zutat in diesem Rezept sind die getrockneten Blütenblätter, die dem Teig eine besondere Farbe verleihen. Vor der Teigzubereitung bietet sich deshalb ein gemeinsamer Spaziergang an, um die Blütenblätter zu sammeln.

Zutaten: 4 Tassen Mehl, 3 Tassen Wasser,
8 EL Salz, 24 Tassen getrocknete
Blütenblätter
Material: Wanne; evtl. Zahnstocher, dünne
Schnur, Backblech und -papier
Anzahl: Rezept für max. 5 Kinder
Alter: ab 4 Jahren

Die Kinder geben Mehl, Wasser und Salz in eine Wanne.
Sie vermischen die Zutaten miteinander und kneten sie zu einer festen Masse.

Die Kinder zerreiben die getrockneten Blütenblätter zwischen den Händen und streuen sie über den Teig.
Durch weiteres Kneten arbeiten sie die Blütenblätter in den Teig ein. Bricht der Teig dabei, kneten sie zusätzlich etwas Mehl und Wasser unter.
Aus dem fertigen Teig formen die Kinder z. B. wunderschöne Murmeln, die sie auch mit einem Zahnstocher durchstechen können, um sie als Perlen zu einer Kette aufzufädeln.
Die geformten Gegenstände können entweder an der Luft trocknen oder bei 200 Grad ca. 30 bis 40 Minuten im Backofen gehärtet werden.
Hinweis: Die Härtezeit richtet sich nach dem Umfang der geformten Objekte; die hier angegebenen Zeiten gelten für dünne Gegenstände.

Konfettiteig

Zutaten: 4 Tassen Konfetti, 3 Tassen warmes
Wasser, 4 Tassen Mehl, 4 EL Salz

Die Kinder füllen die Konfetti in die Wanne und übergießen sie mit dem warmen Wasser.
Nach einer Viertelstunde fügen sie dem eingeweichten Konfetti Mehl und Salz hinzu und kneten die Masse zu einem formbaren Teig.

Haferflockenteig

Dieser Teig erhält durch die Haferflocken einen besonderen, holzähnlichen Charakter.

Zutaten: 15 Tassen Mehl, 15 Tassen Wasser, 30 EL Salz, 30 Tassen Haferflocken
Material: Wanne, Backblech, Backpapier
Anzahl: Rezept für max. 8 Kinder
Alter: ab 4 Jahren

Der Backofen wird auf 200° C vorgeheizt.
Die Kinder geben Mehl und Salz in eine Schüssel und übergießen alles mit Wasser.
In den Brei streuen sie die Haferflocken und kneten die Masse zu einem festen, formbaren Teig.
Daraus können die Kinder beliebige Objekte formen – experimentieren heißt hier die Spielidee!
Ihre geformten Figuren legen die Kinder auf das mit Backpapier ausgelegte Backblech und backen sie bei 200° C ungefähr 30 bis 40 Minuten – dickere Objekte benötigen entsprechend länger zum Härten.

Plastilin

Zutaten: 1 l kochendes Wasser, 8 EL Öl, Lebensmittelfarbe, 1 kg Mehl, 450 g Salz, 40 g Weinsteinsäure (aus der Drogerie)
Material: Eimer, Wanne, Holzlöffel
Anzahl: Rezept für max. 6 Kinder
Alter: ab 4 Jahren

Die Spielleitung bringt das Wasser zum Kochen und gießt es in den Eimer.
Dem heißen Wasser fügen die Kinder Öl und Lebensmittelfarbe hinzu – je mehr Farbe, desto intensiver verfärbt sich der Teig.
Mehl, Salz und Weinsteinsäure vermengen die Kinder separat in einer Wanne.
Nun gießen sie das heiße Wasser, Öl und Farbe in die mit Mehl, Salz und Weinsteinsäure vorbereitete Wanne.
Bis sie abgekühlt ist, verrühren die Kinder die Masse mit Holzlöffeln, erst dann können sie mit den Händen weiter kneten. Durch die Zugabe von Öl kann der Teig dabei noch geschmeidiger werden.
Plastilin eignet sich wie Knetmasse ideal zum Formen von Objekten – luftdicht verpackt kann es lange verwendet werden.

Teige zum Essen, Schlecken & Naschen

Stockbrotteig

Zutaten: 3 kg Mehl, 3/4 l Wasser,
3 Würfel Hefe, 25 g Salz

Material: Bottich, 1 dünner Ast (ca. 1,60 m lang) pro Kind, Messerchen, Lagerfeuer

Anzahl: Rezept für max. 10 Kinder

Alter: ab 4 Jahren

Gemeinsam mit der Spielleitung rühren die Kinder mit den Händen in einem großen Bottich Stockbrotteig an. Dazu verkneten sie Mehl, Wasser, Hefe und Salz zu einem Teig und lassen diesen ca. 2 Stunden gehen.

Diese Zeit wird für eine kleine Wanderung genutzt, bei der sich jedes Kind einen dünnen Ast sucht.

Mit Hilfe der Spielleitung säubern die Kinder ihre Äste mit Messern von der Rinde, während sich die Spielleitung um die Vorbereitung der Feuerstelle kümmert, denn es bedarf einer heißen Glut, um Stockbrot zu backen.

Nach der kleinen Wanderung hat sich das Volumen des Teiges vergrößert. Nun können die Kinder ca. 2 cm dicke Teigklumpen um die Spitze des Holzstabes kneten.

Die mit Teig umwickelten Stöcke werden zum Backen über die heiße Glut gehalten. Dabei müssen die Kinder den Stab von Zeit zu Zeit drehen, damit das Brot gleichmäßig backt.

Nach ca. 10 Minuten oder wenn das Brot beim Klopfen gegen den Teig hohl klingt, ist das Stockbrot fertig. Am besten schmeckt es den Kindern, solange es warm ist!

Schokoladenberge

Zutaten: 8 EL Milch, 4 Eier, 250 g Puderzucker, 125 g Kakao, 250 g Kokosfett, 50–100 g Blockschokolade, Cornflakes

Material: Backblech, Alufolie, Schüssel, Handmixer, Holzlöffel, 2 Töpfe, Keramiktasse, 1 TL pro Kind, Waage

Anzahl: Rezept für max. 6 Kinder

Alter: ab 5 Jahren

Die Kinder legen das Backblech mit Alufolie aus.

Milch, Eier und Puderzucker werden mit dem Handmixer in einer Schüssel schaumig gerührt. Den Kakao heben die Kinder mit einem Holzlöffel unter die schaumige Masse.

Die Spielleitung zerlässt das Kokosfett in einem Topf und verflüssigt die Blockschokolade in der Keramiktasse in einem Wasserbad.

Fett und Schokolade gießen die Kinder gemeinsam mit der Spielleitung in die schaumige Masse.

Mit einem Holzlöffel verrühren die Kinder die Zutaten, bis der Teig eine cremige Konsistenz hat.

In diesen Teig geben sie so viele Cornflakes, dass eine grobe Masse entsteht.

Mit den Teelöffeln und ihren Fingern formen die Kinder aus der Masse kleine Häufchen und legen sie auf das Blech. Ist der Teig noch zu warm, warten die Kinder etwas ab, bis sie mit den Händen in die Schokoladenmasse hineingreifen können – hoffentlich bleiben bei diesem leckeren Rezept zum Schluss noch genügend Schokoladenberge übrig, die ihren Weg am Mund der Kinder vorbei auf das Backblech finden!

Die Schokoberge müssen ca. 2 Stunden im Kühlschrank erkalten, bevor die Kinder sie endlich alle vernaschen.

Kokosballen

Zutaten: 200 g Feigen, 100 g Rosinen,
100 g Mandeln, 100 g Mehl,
2–3 EL Honig, 200 g Kokosraspeln
Material: Messer, Schüssel, Handmixer, Platte,
Waage
Anzahl: Rezept für max. 6 Kinder
Alter: ab 4 Jahren

Die Feigen werden klein geschnitten und mit
den Rosinen in einer Schüssel mit dem Handmixer zerkleinert.

Unter diese Masse mischen die Kinder Mandeln,
Mehl und Honig und kneten alles mit den Händen zu einem Teig.

Von diesem Teig zupfen sie kleine Stücke ab
und rollen diese zwischen den Händen zu kleinen Kugeln.

Die Kokosraspeln schütten sie zu einem kleinen
Berg auf dem Küchentisch auf und wälzen die
Kugeln darin, sodass sie eine weiße Kokoshaut
bekommen.

Die fertigen Kokosballen legen sie dekorativ auf
eine Platte.

Am besten schmecken die Kokosballen, wenn
sie etwas getrocknet sind – guten Appetit!

Süßer Hefeteig

Zutaten: 1/4 l Wasser, 8 g Salz, 25 g Hefe,
75 g Zucker, 65 g Margarine, Marga-
rine zum Einfetten; evtl. Rosinen
Material: Leinenlappen, Backblech, Schüssel
Anzahl: Rezept für max. 4 Kinder
Alter: ab 4 Jahren

Mithilfe des Leinenlappens fetten die Kinder das
Backblech mit Margarine ein und heizen den
Backofen auf 220° C vor.

Sie geben alle Zutaten (mit Ausnahme der Rosinen) in eine Schüssel und achten darauf, dass
Salz und Hefe sich nicht berühren.

Aus den Zutaten kneten die Kinder mit den Händen einen Hefeteig.

Daraus formen die Kinder kleine Kugeln, Wülste oder andere Formen. Wer möchte, kann beim
Formen auch noch einige Rosinen in den Teig
einarbeiten.

Die Hefeteilchen werden auf das gefettete Backblech gelegt, wo sie ca. eine Viertelstunde bei
Zimmertemperatur ruhen.

Jetzt schieben die Kinder das Backblech in den
vorgeheizten Ofen. Die Backzeit richtet sich
nach der Größe der geformten Objekte; grundsätzlich müssen die Kinder allerdings ca. 20
Minuten warten, bevor sie ihre süßen Hefeteilchen gemeinsam verspeisen können.

Sonnenblumenbrot

Zutaten: 500 g Weizenvollkornmehl, 1 Päckchen Hefe, $^1/_8$ l warmes Wasser, 200 g Naturjoghurt, 1 Prise Salz, 125 g Sonnenblumenkerne, Margarine zum Einfetten, Butter als Brotaufstrich
Material: Schüssel, Kastenbackform, Leinenlappen
Anzahl: Rezept für max. 6 Kinder
Alter: ab 4 Jahren

Der Backofen wird auf 200° C vorgeheizt und die Kinder geben die Zutaten in der beschriebenen Reihenfolge nach und nach in eine Schüssel.
Mit ihren Händen kneten sie daraus einen geschmeidigen, aber festen Teig.
Die Kastenbackform fetten sie mit Margarine ein, füllen den Teig hinein und lassen ihn dort 1 Stunde ruhen.
Nun schieben die Kinder den Brotteig in den vorgeheizten Backofen und lassen ihn 45 Minuten bei 200° C backen.
Kommt das duftende Sonnenblumenbrot frisch aus dem Ofen, können es sich die Kinder mit einem Butteraufstrich schmecken lassen!

Sesamknäckebrot

Zutaten: 500 g Weizenvollkornmehl, 1 TL Kräutersalz, 1 EL Honig, 90 g Butter, $^1/_4$ l Milch, 2 EL Sesam, Margarine zum Einfetten
Material: Schüssel, Backblech, Backpapier, Leinenlappen, Nudelholz, Teigrädchen, Gabel
Anzahl: Rezept für max. 6 Kinder
Alter: ab 5 Jahren

Der Backofen wird auf 170° C vorgeheizt.
Die Kinder geben die Zutaten in der beschriebenen Reihenfolge in eine Schüssel und kneten mit den Händen einen Teig daraus.
Das Backblech wird mit Backpapier belegt und der Teig mit dem Nudelholz $^1/_2$ cm dick ausgerollt.
Mit dem Teigrädchen können die Kinder aus dem Teig verschiedene geometrische Formen wie Dreiecke, Rechtecke, Quadrate oder Kreise ausschneiden. Diese legen die Kinder auf das Backblech.
Die Formen werden mit einer Gabel eingestochen und 20 Minuten im vorgeheizten Backofen gebacken.
Anschließend sucht sich jedes Kind eine der besonderen Formen aus und probiert das frische Sesamknäckebrot – wie wäre es dazu mit dem „Schokoladigen Brotaufstrich für Schleckermäuler" (s. S. 93)?

Bunte Baisers

Zutaten: 150 g Puderzucker, 3 Eiweiß, Lebensmittelfarben

Material: 2 Backbleche, Alufolie, Küchensieb, 2 große Schüsseln, Handmixer, Holzlöffel, Suppenkellen, 1 kleine Schüssel pro Lebensmittelfarbe, mehrere Spritzbeutel

Anzahl: Rezept für max. 4 Kinder

Alter: ab 4 Jahren

Die Kinder heizen den Backofen auf 150° C vor und legen zwei Backbleche mit Alufolie aus.

Den Puderzucker sieben die Kinder in eine Schüssel.

Die Eiweiße trennen sie mithilfe der Spielleitung vom Eidotter und geben sie in die zweite Schüssel.

Mit dem Handmixer schlagen die Kinder die Eiweiße zu sehr steifem Eischnee.

Unter ständigem Rühren mit den Holzlöffeln geben sie den gesiebten Puderzucker dazu.

Die Masse verteilen die Kinder mit den Suppenkellen auf verschiedene kleine Schüsseln und tupfen einige Tropfen jeweils unterschiedlicher Lebensmittelfarbe hinein.

Die gefärbten Eischneeportionen füllen die Kinder mit den Kellen in verschiedene Spritzbeutel, mit denen sie Figuren auf das Backblech spritzen wie z. B. Ringe, Brezeln, Herzen oder Sterne usw.

Das Backblech mit den Figuren schieben die Kinder in den vorgeheizten Ofen und lassen sie darin 60–80 Minuten trocknen.

Kommen die bunten Baiserfiguren aus dem Backofen, dürfen die Kinder nicht zu lange mit dem Naschen warten, sonst werden die Baisers zu hart.

Dann eignen sie sich aber besonders gut als Paketanhänger, Weihnachtsbaumschmuck oder für ein Mobile.

Schokoladiger Brotaufstrich für Schleckermäuler

Zutaten: 150 g Honig, 150 g Butter, 2 TL Kakao, 150 g Nussmusmischung (aus dem Naturkostladen)

Material: große Schüssel, Handmixer oder Löffel, verschraubbare Gläser

Anzahl: Rezept für max. 4 Kinder

Alter: ab 4 Jahren

Honig, Butter, Kakao und die Nussmusmischung geben die Kinder in eine große Schüssel, in der sie mit Löffeln oder mit einem Handmixer alles zu einer Creme verrühren.

Das, was von der leckeren Schokoladencreme noch übrig ist, nachdem die Kinder während des Rührens daran genascht haben, füllen sie mit Löffeln in die verschraubbaren Gläser und stellen diese zur Aufbewahrung in den Kuhlschrank.

Später lassen sich die Kinder die Schokoladencreme als Brotaufstrich schmecken.

Matschen, Schmieren, Spielen und Gestalten

...mit Schnee & Eis

Wer Kinder jemals beim Spielen mit Schnee und Eis beobachtet hat, wird sicherlich von der Begeisterung der Kinder beim Umgang mit diesen Materialien berichten können. Da werden Schneeflocken gefangen, um deren Aussehen genau zu beobachten und zu erleben, wie der kleine Schneekristall sanft auf der warmen Haut schmilzt. Schnee wird zu kleinen Berghängen zusammengeschaufelt, Schneemänner und Schneebälle werden geformt, Iglus gebaut und der Schlitten aus seinem Sommerschlaf geholt, um schneebedeckte Hänge herunterzugleiten.

Mischt sich Regen unter den Schnee, wird dieser matschig. Auch dann ist er für Kinder noch ein spannendes Spielmaterial, denn auch die Konsistenz des Schneematschs hat seinen besonderen Reiz: Der Schnee wird zu einer glitschigen, nassen Masse, in der sich die Kinder mit ihren Füßen suhlen. Sie springen in den Matsch hinein und erfreuen sich dabei an der Höhe und Weite der Spritzer.

Sinken die Temperaturen, wird das Regenwasser zu Eis und damit Auslöser für neugierige Beobachtungen: Wann gefriert Wasser zu Eis? Wann schmilzt Eis zu Wasser? Wie dick ist die Eisschicht auf einer Regenpfütze? Trägt sie mich, wenn ich mich auf sie stelle oder darauf hin- und herhüpfe?

Kindern solche Fragen zu beantworten ist nur möglich, indem der ganzheitliche Umgang mit besonderen Materialeigenschaften und Konsistenzveränderungen in den Mittelpunkt gestellt und durch Matschen, Schmieren, Spielen und Gestalten erfahrbar gemacht wird.

Annäherung an das Material Schnee

Beobachtungsspiele zum Ausprobieren

Material: Fläche mit hohem Schnee
Anzahl: beliebig
Alter: ab 3 Jahren

Schnee ist ein interessantes Material, das von Kindern besonders gern auf seine Beschaffenheit untersucht wird. Dazu können folgende Überlegungen hilfreich sein:

- Wie schaut Schnee unter der Lupe aus?
- Welche Spuren können die Kinder im Schnee entdecken?
- Wie tief können die Kinder ihre Beine in den Schnee bohren?
- Wie lange dauert es, bis eine Hand voll Schnee geschmolzen ist?
- Was spüren die Kinder, wenn sie sich ihr Gesicht mit Schnee einreiben?
- Wie sieht die Beschaffenheit einer Schneefläche aus, die von mehreren Kindern längere Zeit bestampft wird?
- Wie tief bohren sich verschieden schwere Gegenstände in den Schnee ein?

Schneeadler

Material: Fläche mit unberührtem hohen Schnee
Anzahl: beliebig
Alter: ab 3 Jahren

Sich in unberührten Schnee fallen zu lassen, stößt bei Kindern immer auf Begeisterung.
Hier stellen sie sich dazu in eine noch unberührte, hohe Schneefläche und lassen sich rückwärts der Länge nach in den Schnee fallen.
Sie breiten ihre Arme nach rechts und links aus und schlagen wie mit Flügeln im Schnee von oben nach unten.
Mithilfe der Spielleitung werden die Kinder vorsichtig aus dem Schnee nach oben gezogen, wobei der Abdruck nicht zerstört werden darf.
Schauen sich die Kinder an, wo sie gelegen haben, können sie lauter große Schneeadler entdecken.

Gesichtsabdrücke

Material: Schnee
Anzahl: beliebig
Alter: ab 3 Jahren

Im Schnee können die Kinder mit ihrem Körper verschiedene Abdrücke hinterlassen. Für einen Gesichtsabdruck drücken die Kinder ihr Gesicht tief in den Schnee, sodass ein maskenhafter Abdruck entsteht.
Welcher Gesichtsabdruck gehört wohl zu welchem Kind?
Anschließend lassen sich die Kinder sicher viele Varianten einfallen und vergleichen z. B. ihre Fußabdrücke, Hand- oder Poabdrücke.

Schneegestöber

Kinder finden es toll, wenn es draußen stürmt und schneit. Oft dauert dieses Schauspiel nur kurze Zeit. Allerdings lässt sich so ein Schneegestöber spielerisch auch selbst hervorzaubern.

Material: Schnee oder schneebedeckte Hecken und Bäume
Anzahl: beliebig
Alter: ab 3 Jahren

Die Kinder bilden einen Kreis und knien sich in den Schnee.
Nun wirbeln sie mit ihren Händen in kürzester Zeit so viel Schnee wie möglich auf, sodass sich alle Kinder in kleine Schneemänner und Schneefrauen verwandeln.
Oder die Kinder stellen sich unter schneebedeckte Bäume und Hecken und schütteln den Schnee von den Ästen. Dabei fällt der Schnee wie bei einem starken Schneesturm von den Bäumen und bedeckt alle Kinder mit einem Schneemantel.

Plastiktütenrodeln

Material: Schneehang oder Rodelbahn, 1 Plastiktüte pro Kind
Anzahl: beliebig
Alter: ab 5 Jahren

Die Kinder besteigen einen kleinen Hang oder besuchen eine Rodelbahn.
Jedes Kind nimmt eine Plastiktüte, legt sie auf den Schnee und setzt sich mit dem Po darauf. Mit viel Schwung und Geschrei gleiten die Kinder den Hang hinunter. Dabei können sie verschiedene Rutsch- und Gleitmöglichkeiten ausprobieren – wie wäre es z. B. kopfüber auf dem Bauch oder in der Rückenlage?
Ohne die Tüten können die Kinder sich auch vom schneebedeckten Hügel wie Teile einer Lawine herunterkugeln. Der hohe Schnee wird sie dabei immer weich empfangen.

Gestalten mit Schnee

Schnee-Kandinsky

Eine unberührte Schneelandschaft bietet sich geradezu als großflächige Malleinwand für eine größere Gruppe von Kindern an. Mit Lebensmittelfarbe kann auf dieser Leinwand ein Schnee-Kandinsky entstehen.

Material: Schnee, mind. 2 Tuben Lebensmittelfarbe pro Farbe, 1 Eimer pro Farbe, Gießkanne, Wasserspritzen, Gefäße mit schmalem Ausguss usw., unberührte Schneefläche; evtl. Fotoapparat
Anzahl: beliebig
Alter: ab 3 Jahren

Die Kinder füllen mehrere Eimer mit Schnee und beobachten, wie er zu Wasser schmilzt.
Sobald der Schnee geschmolzen ist, färben die Kinder das Wasser mit den Lebensmittelfarben ein. Je mehr Farbe sie dabei dem Wasser hinzufügen, desto intensiver wird der Ton.
Das farbige Schneewasser füllen die Kinder in die Sprüh- und Gießgefäße um.
Nun kann das Malen auf der Schneeleinwand beginnen. Dazu sprühen, spritzen oder gießen die Kinder die farbige Flüssigkeit aus den Gefäßen in den Schnee, sodass ein buntes, abstraktes Riesenschneebild entsteht.
Der vergängliche Schnee-Kandinsky sollte anschließend von der Spielleitung auf Fotos festgehalten werden.

Schneeiglu

Endlich schneit es – da muss der Schnee wegen der Unfallgefahr auch schon wieder von den Gehwegen geräumt werden. Meist haben Kinder dafür kein Verständnis, wo sie sich selbst doch so über den Schnee freuen. Wenn der Schnee allerdings schon weggeschaufelt werden muss, kann er mit diesem Angebot wenigstens im Sinne der Kinder genutzt werden.

Material: Schnee, Schaufeln
Anzahl: beliebig
Alter: ab 4 Jahren

Die Kinder schaufeln den Schnee gemeinsam mit der Spielleitung und mit viel Spaß zu einem großen Hügel auf.
Diesen Schneeberg klopfen sie mit Schaufeln und Händen von außen fest, sodass eine stabile Schneewand entsteht.
Mit Händen und Schaufeln höhlen die Kinder den Schneehügel vorsichtig aus, bis sich eine kleine Eishöhle gebildet hat. Während des Aushöhlens zeigt sich, ob die Kinder den Schneeberg genügend fest geklopft haben – wenn nicht, droht das Iglu einzustürzen!
Ist das Iglu fertig gebaut, können sich die Kinder z. B. in Eskimos verwandeln und im Iglu spielen.

Schneeskulptur

Material: Schnee, Schaufeln, Modellierhölzer, Löffel, Gabel
Anzahl: beliebig
Alter: ab 4 Jahren

Die Kinder tragen einen großen Schneeberg zusammen.

Mit Schaufeln und Händen schlagen sie den Schnee zu einem festen Eisberg.

Dieser kann nun mit Löffeln, Gabeln, Modellierhölzern, Fingern und Händen zu einer konkreten oder abstrakten Schneeskulptur modelliert werden. Dabei tragen die Kinder formgebende Schneeschichten ab oder setzen kleine und große Schneeballkugeln formgebend auf den Schneeberg.

Zusätzlich können die Kinder die entstehende Schneeskulptur dekorieren, indem sie mit den Modellierhölzern und Gabeln Muster einritzen. Auf diese Weise entstehen die seltsamsten Schneewesen.

Riesenschneelicht

Material: hohe Schneefläche, Teelichter, Streichhölzer
Anzahl: beliebig
Alter: ab 3 Jahren

Die Kinder rollen einen kleinen Schneeball wie eine Lawine systematisch durch den tiefen Schnee, sodass der kleine Schneeball zu einer riesigen Schneekugel anwächst.

Ist diese so groß, dass die Kinder sie kaum noch packen können, schlagen sie mit ihren Händen die Kugel oben zu einem flachen Tisch.

Sie nehmen die Teelichter aus ihrer Blechhülle und drücken sie in die entstandene Schneefläche.

Mit Hilfe der Spielleitung zünden sie die Kerzen an. Die Lichter werden sich aufgrund der entstehenden Hitze in die Kugel hineinfressen und sie etwas zum Schmelzen bringen.

Treten die Kinder ein Stück zurück oder betrachten sie noch besser ihr Werk von oben aus einem Fenster, sehen sie, dass ein Riesenschneelicht entstanden ist.

Am schönsten ist die Wirkung des Lichtes in der Dämmerung.

Kerzen gießen im Schnee

Material: Wachs von alten Kerzen, alte Dosen, alter Topf, Wasser, Schnee, Docht, Holzstöckchen

Anzahl: beliebig

Alter: ab 5 Jahren

Die Wachsreste werden nach Farben sortiert, in die Dosen gefüllt und in einem Wasserbad erhitzt.

Die Kinder formen derweil im Schnee verschiedene große, runde, eckige oder spitze Mulden, die den Kerzen die Form geben.

Über die Muldenöffnung wird ein kleines Holzstöckchen gelegt, an dem die Kinder ein Dochtende befestigen, sodass der Docht bis zum Boden der Mulde reicht.

Mit Hilfe der Spielleitung gießen die Kinder das flüssige Wachs in die vorbereiteten Vertiefungen.

Im eisigen Schnee wird das Wachs sehr schnell hart, sodass die Kinder schon bald ihre unterschiedlich geformten bunten Kerzen an den Holzstöckchen vorsichtig aus dem Schnee ziehen können.

Schneegesichter

Material: großes Schneefeld, Modellierwerkzeuge (Gabeln, Löffel, stumpfe Messerchen usw.), Naturmaterialien (Steine, Möhren, Äste, Stroh usw.)

Anzahl: beliebig

Alter: ab 4 Jahren

Die Kinder rollen viele kleine Schneebälle durch den Tiefschnee, sodass sie zu großen Schneekugeln anwachsen.

Sind die Kugeln so groß, dass die Kinder sie nicht mehr weiterrollen können, bleiben sie einfach auf dem Feld liegen.

Hier werden sie an Ort und Stelle von den Kindern mithilfe der Modellierwerkzeuge zu Schneegesichtern gestaltet. Um diesen mehr Ausdruck zu verleihen, können die Kinder auch Naturmaterialien zur Ausgestaltung einsetzen.

Anschließend begutachten die Kinder ihre Kunstwerke: Zwinkert vielleicht ein Schneegesicht dem anderen zu? Lachen sie einander an oder lachen sie sich aus?

Spiele mit Schnee

Langlaufschlitten

Material: 1 Schlitten und 2 Skistöcke pro Spie-
lerIn, 2 Seile, ebene Schneefläche
Anzahl: beliebig
Alter: ab 5 Jahren

Die Spielleitung markiert mit zwei Seilen auf
einer ebenen Schneefläche einen Parcours mit
Start und Ziellinie.
Alle SpielerInnen sammeln sich an der Startlinie,
stellen sich mit beiden Füßen auf den Schlitten
und halten ihre Skistöcke bereit.
Auf ein Startzeichen bewegen sie sich mit dem
Schlitten in Richtung Ziellinie, indem sie ihre
Skistöcke wie beim Skifahren einsetzen. Das ist
gar nicht so einfach, denn zum einen geraten
die Kinder dabei leicht aus dem Gleichgewicht,
zum anderen gehört viel Kraft dazu. Außerdem
versuchen sich die Kinder dabei gegenseitig in
den Schnee zu werfen.
Wer zuerst die Ziellinie erreicht, hat gewonnen.

Kampf um den Schneethron

Material: Schnee, Schaufeln
Anzahl: beliebig
Alter: ab 3 Jahren

Die Kinder tragen mit Händen und Schaufeln für
jeden Spieler einen Schneeberg zusammen.
Jeweils zwei „Schneethrone" müssen dabei so
nahe beieinander liegen, dass die SpielerInnen
sich berühren können und sie müssen so hoch
sein, dass die Kinder darauf sitzen können, ohne
dabei den Boden zu berühren.
Sind die Schneehügel fertig, besteigen die SpielerInnen ihren Thron.
Die beiden sich gegenübersitzenden Kinder
wollen sich nun den Thron streitig machen,
indem sie versuchen, sich gegenseitig vom
Schneehügel zu stoßen.
Wer fällt als erstes vom Thron in den weichen
Schnee?

Schneeballtreiben

Schnee lockt Kinder stets zum Formen von Schneebällen, mit denen sich die verschiedensten Spiele umsetzen lassen.

Material: Schneefläche, 1 Stock, 1 Ball; evtl. 1 Lebensmittelfarbe pro SpielerIn
Anzahl: max. 10 SpielerInnen, gerade Anzahl
Alter: ab 3 Jahren

Die Spielleitung zieht mit dem Stock einen großen Kreis von ungefähr 5 Metern Durchmesser in den Schnee und teilt ihn durch eine Mittellinie in zwei Hälften. Je mehr SpielerInnen, desto größer muss der Kreis ausfallen.
Währenddessen formt jedes Kind zehn Schneebälle.
Die Kinder bilden zwei Teams und stellen sich entlang der Kreislinie vor jeweils einer der beiden Hälften auf.
Der Ball wird genau in der Mitte des Kreises platziert.
Nun beginnen alle SpielerInnen gleichzeitig den Ball in der Mitte mit ihren Schneebällen zu bewerfen und dadurch von sich weg zu treiben.
Gewonnen hat das Team, das den Ball als erstes durch die gegnerische Hälfte über die Kreislinie hinaus getrieben hat.

Schneeboccia

Alle Kinder formen sechs feste Schneebälle und jedes sucht sich eine eigene Lebensmittelfarbe aus, mit der es jeden seiner Schneebälle durch einen kleinen Spritzer markiert.
Nacheinander werfen die Kinder ihre Schneebälle so nahe wie möglich an den Vorlageball in der Mitte des Kreises, ohne dabei die Kreislinie zu übertreten.
Wem es gelingt, seine Schneebälle am nächsten an den Vorlageball zu werfen, gewinnt das Spiel.
Hinweis: Vielleicht wollen die Kinder statt des Vorlageballs in die Kreismitte lieber einen Schneemann bauen, an den sie ihre Schneebälle möglichst nah heranwerfen. Der Kreisumfang muss dabei entsprechend vergrößert werden.

Schatzsuche im Schnee

Material: Schnee, Schaufel, 20 kleine Plastik-
gegenstände
Anzahl: max. 6 SpielerInnen pro Schneeberg
Alter: ab 3 Jahren

Die Kinder schaufeln gemeinsam einen großen
Schneeberg an, in dem die Spielleitung die kleinen Plastikteile versteckt.
Sind alle Schätze im Schnee verschwunden, setzen sich alle SpielerInnen um den Schneeberg
herum.
Auf ein Kommando der Spielleitung beginnen
die Kinder gleichzeitig im Schneeberg nach den
Schätzen zu wühlen, sodass es zu einer regel-
rechten Schneeschlacht kommt.
Wer hat zum Schluss die meisten Schätze
gefunden?

Serviettenrallye

Material: Rodelbahn, 1 Schlitten pro SpielerIn,
viele bunte Servietten
Anzahl: beliebig
Alter: ab 5 Jahren

Entlang einer Rodelbahn werden rechts und
links der kurvigen Rodelstrecke bunte Servietten
ausgelegt.
Ein Kind beginnt und fährt mit seinem Schlitten
die Bahn herunter, wobei es möglichst viele der
Servietten einsammelt. Das ist bei reißender
Schlittenfahrt gar nicht so einfach, denn die Kinder verlieren schnell die Balance, wenn sie nach
den Servietten greifen. Viele RodlerInnen werden dabei vor allem in den Kurven ein Bad im
Schnee nehmen müssen!
Nach jeder Abfahrt wird die Bahn erneut mit
den Servietten präpariert, damit alle SpielerInnen die gleichen Chancen haben.
Wer konnte bei seiner Abfahrt die meisten Servietten einsammeln?

Annäherung an das Material Eis

Eisbeobachtungen

Material: eisige Kälte, Wasser, 1 Eimer,
1 Becher, gefrorenes Obst, Eiswürfel,
Salz
Anzahl: beliebig
Alter: ab 4 Jahren

Die Kinder beobachten Phänomene, die mit Eis
zusammen hängen:

- Was passiert, wenn in eisiger Kälte ein Eimer
Wasser über Asphalt ausgegossen wird?
- Wie lange dauert es, bis ein Becher mit Wasser zugefroren ist?
- Wie verhält sich in Wasser schwimmendes
gefrorenes Obst, wenn es schmilzt? (Es geht
unter!)
- Was passiert, wenn zwei Eiswürfel zusammen
mit Salz in Verbindung kommen? (Sie kleben
aneinander!)

Eiswürfel, du musst wandern

Material: mehrere Eiswürfel
Anzahl: beliebig
Alter: ab 4 Jahren

Die Kinder setzen sich in einen Kreis und die
Spielleitung gibt einem der Kinder die Eiswürfel
in die Hand.
So schnell wie möglich gibt das Kind die Eiswürfel seinem Nachbarn. Das Eis macht so lange die Runde im Kreis, bis ein Kind nur noch
Wasser in den Händen hält. Wie lange können
so die Eiswürfel ihre Runden im Spielkreis
drehen?

Eisschlitterbahn

Material: eisige Kälte, Schnee, Schaufeln,
Wasser, Gießkanne
Anzahl: beliebig
Alter: ab 4 Jahren

An einem Winterabend schlagen und trampeln
die Kinder mit Schaufeln, Händen und Füßen
Bahnen in den Schnee und schlagen diese mit
den Schaufeln fest.
Präparieren die Kinder die Bahnen mit Wasser
aus der Gießkanne, gefriert das Wasser über
dem Schnee zu Eis.
Am nächsten Tag können die Kinder beobachten, dass sich die Bahnen über Nacht zu glatten
und rutschigen Eisbahnen verwandelt haben,
auf denen sie sich nun nach Herzenslust austo-
ben können.

Eispfützen-Springen

*Gefrorene Eispfützen regen Kinder immer dazu
an zu erforschen, ob die Eisschicht dick oder
dünn ist, ob sie ihr Gewicht trägt oder leicht zer-
springt.*

Material: Ort mit vielen zugefrorenen Regen-
pfützen
Anzahl: beliebig
Alter: ab 3 Jahren

Bei diesem spielerischen Erlebnis springen die
Kinder mit beiden Füßen in die mit Eis bedeck-
ten Pfützen hinein.
War die Eisschicht dünn, freuen sie sich, dass sie
zerbricht und das Wasser darunter nach allen
Seiten wegspritzt.
Ist die Schicht dick und trägt das Gewicht, kön-
nen die Kinder darauf schlittern.

Gestalten mit Eis

Bunte Eisbausteine

Material: verschiedene Gefäße wie Joghurtbecher, geköpfte Plastikflaschen,
aufgeschnittene Tetrapackkartons,
Sandförmchen, Eiswürfelbereiter
usw., Wasser, Lebensmittelfarbe,
eisige Kälte, Schneefläche;
evtl. großflächige Pappe

Anzahl: beliebig

Alter: ab 3 Jahren

Die Kinder füllen die verschiedenen Gefäße mit
Wasser und mischen Lebensmittelfarbe darunter.
Je nachdem, wie viel Farbe sie dem Wasser hinzufügen, desto intensiver wird der Ton.
Die gefüllten Gefäße werden so lange in die
eisige Kälte hinausgestellt, bis die bunte Flüssigkeit in den Gefäßen gefroren ist. Die Kinder
lassen die Eisformen bei Zimmertemperatur
etwas antauen, sodass sich die bunten Eisbausteine ganz leicht aus ihrer Form lösen.
Eine große freie Schneefläche dient den Kindern
nun als Leinwand, auf der sie mit den gläsern
wirkenden Eisbausteinen experimentieren können, indem sie diese im Schnee platzieren. Das
muss rasch geschehen, sonst sind die bunten
Eiswürfel in den Händen der Kinder geschmolzen, bevor sie z. B. zu einer Art abstraktem
Muster im Schnee gelegt werden können.
Wird das Wetter wärmer und der Schnee
schmilzt, werden die Kinder beobachten, wie
sich die bunten Glasbausteine mit dem Schnee
zu bunten Flecken vermischen.

Variante

Die bunten Eisbausteine aus den Eiswürfelbe-
reitern können die Kinder auch auf einem großen Pappkarton auslegen.
Werden die Eiswürfel wie beim Eisstockschie-
ßen mit den Fingern geschnipst, gleiten sie über
den Karton, tauen dabei auf und hinterlassen
bunte Farbspuren. Bleibt ein Eiswürfel längere
Zeit an einer Stelle liegen, erscheint ein wässrig
bunter Farbfleck. So entsteht ein großformati-
ges, abstraktes Bild.

Eisplastik

Material: 1 Eimer pro Kind, Wasser, eisige
Kälte, Wasserspritzen, mehrere
Tuben Lebensmittelfarben,
pro Farbe: 10 Tassen Salz und
2 $\frac{1}{2}$ l warmes Wasser

Anzahl: beliebig

Alter: ab 3 Jahren

Die Kinder füllen ihren Eimer mit Wasser und
lassen es zu einem Eisblock gefrieren.
Kurz bevor die Blöcke aus den Eimern gelöst
werden, vermischen die Kinder das warme
Wasser mit dem Salz und einer Tube Lebensmittelfarbe und füllen damit die Wasserspritzen.
Auf diese Weise werden mehrere Spritzfarben
vorbereitet.
Die Eisblöcke werden aus den Eimern gelöst,
indem sie kurz unter warmes Wasser gehalten
werden oder bei Raumtemperatur antauen.
Jetzt können die Kinder mit dem Bearbeiten
ihres Eisblocks beginnen. Dazu besprühen sie
mit ihren Wasserspritzen den Block mit warmer,
bunter Farbe. Achtung, die Sprühdüse sollte auf
dem Symbol „Strahl" stehen! Während die Kinder z. B. Löcher, Spalten und Muster in das Eis
schießen, erhält der Eisblock eine besondere
Form.

Variante

Die Kinder stapeln die Eisblöcke gemeinsam mit
der Spielleitung zu einem Berg oder einer Säu-
le und alle zusammen gestalten eine große, bunte Eisplastik.

Malen auf Eispapier

Material: kalte und klare Winternacht, saugfähige Tapete, Steine, Gießkannen, Wasser, Aquarellfarben, Pinsel
Anzahl: beliebig
Alter: ab 3 Jahren

Mehrere Bahnen saugfähiger Tapete rollen die Kinder am Abend vor dem Haus aus und beschweren sie mit Steinen.

Die Kinder nehmen die Gießkannen und begießen die Tapete solange mit Wasser, bis sie durch und durch nass ist.

Am nächsten Morgen tragen die Kinder die starren, gefrorenen Tapetenbahnen gemeinsam ins Haus, wo sie die Tapete nach Lust und Laune mit Aquarellfarben bemalen. Beim Auftauen des Papiers entstehen interessante, kristalline Farbeffekte.

Eiswindlichter

Material: 1 kleiner Eimer und 1 Teelicht pro Kind, Wasser, eisige Kälte, angewärmtes Tuch, Streichhölzer
Anzahl: beliebig
Alter: ab 3 Jahren

Jedes Kind erhält einen kleinen Eimer, den es mit Wasser füllt und anschließend hinaus ins Freie stellt.

Dort bleiben die Eimer so lange stehen, bis sich eine 5 cm dicke Eisschicht an der Eimerwand gebildet hat. Das noch flüssige Wasser wird aus den Eimern ausgegossen, sodass ein großer Eisbecher entsteht.

Das Eisgefäß lässt sich leicht aus dem Eimer lösen, indem die Kinder ihren Eimer kurz mit einem angewärmten Tuch umwickeln.

In den Hohlraum stellen die Kinder ein Teelicht und zünden es mit Hilfe der Spielleitung an.

Die Eiswindlichter beleuchten in der Dämmerung z. B. den Eingangsbereich des Kindergartens wunderschön winterlich.

Anhang

Register

Action-Körperpainting 17
Antons Massage 27
Außergewöhnliche
    Malwerkzeuge 18

Ballonwettstrampeln 83
Baumfratzenwald 34
Beobachtungsspiele
    zum Ausprobieren 42, 64, 95
Bilder malen mit
    Tonschlicker 26
Blumenvase 58
Blütenblätterteig 88
Bunte Baisers 93
Bunte Eisbausteine 104
Bunte Körpercreme 12
Bunte Seife 79
Bunte Wasserbilder 10

Chamäleon 16

Deckenbilder 19
Der Körperpinsel 13
Der Sandmann 42
Die kleinen Planetenkristalle 44
Die Kraft des Wasserstrahls 80
Drucken auf Ton 33

Eingebuddelt! 43
Eisbeobachtungen 103
Eispfützen-Springen 103
Eisplastik 104
Eisschlitterbahn 103
Eiswindlichter 105
Eiswürfel, du musst
    wandern 103
Entenlauf 83
Erstes Beobachten und
    Ausprobieren 52

Experimente mit der
    Kugeltechnik 31
Experimente mit der
    Plattentechnik 32
Experimente mit der
    Wulsttechnik 32

Farben spritzen 21
Farbenpfänderbild 22
Farb-Fangen 23
Farbige Bewegungsbilder 22
Farbiger Sand 45
Figuren gießen 55
Fingerfarbe süß-sauer 12
Fingerfarben für den Körper 12
Fingerfarbenrezepte 12
Fischerball 84

Gebatiktes Papier 71
Gefühle in Ton 28
Geisterhände 61
Geschenkpapier 71
Gesichtsabdrücke 95
Gibst'e mir den Gips
    mal her 56
Gips auf der Haut 53
Gipsexperimente 52
Gipsglücksbringer 54
Gipsmalereien 52
Gipsrelief 54
Gipsrelief-Landschaft 58
Gipsschwellköpfe 57
Gips-Shirt 61
Gipsverhüllung 58

Haarschlammpackung 40
Haferflockenteig 89
Haifischfangen 83
Hand- und Fußabdrücke 61

Handabdrucke 21
Höhle aus Ton 37
Hu, ich bin der Farbengeist 20

Kalt-Warm-Parcours 76
Kampf um den Schneethron 100
Kerzen gießen im Schnee 99
Kinder bunt einpacken 17
Klingelball 73
Klingelball-Spiel 73
Kokosballen 91
Konfettiteig 88
Körperbatik-Kunstwerk 66
Körperbemalung –
    Body painting 16
Körpermasken aus Gips 60

Langlaufschlitten 100
Leinwand aus Sand 43
Luftballon-Wettrasieren 82

Malen auf Eispapier 105
Malen nach Würfeln 23
Marmorbausteine 55
Marmorierte Körbchen 70
Marmorierter Ton 29
Matsch balancieren 39
Matsch-Experimente 11
Matsch-Meditation 29
Matschmonster heiße ich 30
Matschmulden zielen 38
Mehlfarbe 12
Mehlpappmaché 65
Murmelsandbahn 48

Natürliche Farben mischen 9
Natürliche Pinsel 18

Papier marmorieren 19

Papierbrei-Haut 64
Papierfärben mit
    Krepppapier 70
Papier-Kleister-Schlacht 73
Papier-Pulpe 65
Papierschöpfen 68
Pappmachéfiguren 72
Pappmaché-Lampions 72
Pappmachéteig 65
Peitschbilder 18
Phantasieburg 35
Plastiktütenrodeln 96
Plastilin 89
Pulpenplastik 69

Rasierschaumbilder 79
Riesenschneelicht 98
Riesentonplastik 36
Riesiges Gipsungeheuer 59

Sägemehlpappmaché 65
Salzteig 87
Sandbadewanne 43
Sandball 49
Sandberglöffeln 48
Sandburg 46
Sandiges Kleister-Bild 47
Sandkerzen 45
Sandkreisfangen 48
Sandmandala 46
Sandrodeln 49

Sandstalagmiten 42
Schatzsuche im Schnee 102
Schaum-Strampeln 77
Schmierseifenrutschbahn 77
Schneeadler 95
Schneeballtreiben 101
Schneeboccia 101
Schneegesichter 99
Schneegestöber 96
Schneeiglu 97
Schnee-Kandinsky 97
Schneeskulptur 98
Schokoladenberge 90
Schokoladiger Brotaufstrich
    für Schleckermäuler 93
Schwammbilder 18
Schwimmendes Obst 80
Seifenballspiel 82
Seifenblasen spritzen 82
Seifenblasenexperimente 77
Seifenfiguren 78
Seifenflockenrezept 77
Seifenlaugen-Experimente 77
Serviettenrallye 102
Sesamknäckebrot 92
Sonnenblumenbrot 92
Stein im Tonmantel 34
Stockbrotteig 90
Strandteig 87
Strukturiertes Papier 68
Süßer Hefeteig 91

Tanz der Farben 13, 14
Ton blind erleben 28
Ton und Naturmaterialien 33
Tonball-Kegeln 40
Tonschlicker anrühren 26
Traubenzuckerrezept 77

Überraschungen im Sand 49

Verborgene Schätze 40
Vergängliche Wasserbilder 78

Waldfruchtbilder 9
Was passiert, wenn...? 29
Was schwimmt? 76
Waschmittelteig 88
Wasser hören 76
Wasserbombenschlacht 75
Wasserbomben-Transport 81
Wassergeist 84
Wassermassage 75
Wasserschlauchfontaine 75
Wasser-Tauziehen 84
Wasserwettrennen 80
Wett-Matsch-Schaufeln 38

Zaungipsen 53
Zeitung lesen ist für uns
    noch viel zu schwer 67

Literatur

Baum, H.: Dreckspatz, Schmierfink, Schmuddelkind!, Freiburg 1997
Bezdek, U.; Monika, P.: Kinder in ihrem Element, München 2000
Bostelmann, A.; Matschull, H.: Bananenblau und Himbeergrün, Neuwied 1999
Knieriemen H.; Krampfer, M.: Kinderwerkstatt Naturfarben und Lehm, Aarau 1999
Kohl, M. F.; Potter, J.: Malerisches Lernen, Mühlheim 1994
Dies.: Das Kunst Ideenbuch, Mühlheim 1996
Dies.: Matschen, Mühlheim 1997
Dies.; Gainer, C.: Natürlich Kunst, Mühlheim 1994
Seitz, M.: Schreib es in den Sand, München 1998
Warzecha, R.: Bauen und Spielen mit Lehm, Berlin 1997
Wierz, Jakobine: Kinder erleben Große Bildhauer, München 2001
Dies.: Große Kunst in Kinderhand, Münster 2000
Dies: Aber ich kann doch gar nicht malen, Mühlheim 2000
Dies.: Keine Angst vor Mona Lisa, Wiltingen 1999

Zeitschriften

Kindergarten heute, November 1993
Kunst und Unterricht, 214 – August 1997, Malen experimentell
Kunst und Unterricht, 219 – Januar 1998, Sprache des Materials
Kunst und Unterricht, 220 – März 1998, Material
Kunst und Unterricht, 248 – Dezember 2000, Plastisches Gestalten
Kunst und Unterricht, 249 – Januar 2001, Plastisches Gestalten

Die Autorin

Jakobine Wierz lebt in Trier. Sie hat Kunstgeschichte, Bildende Kunst und Katholische Theologie studiert und ist Diplom-Pädagogin. Als Lehrerin arbeitet sie an der Katholischen Fachschule für Sozialwesen in Trier und ist seit vielen Jahren in der Fortbildung für ErzieherInnen und SpielkreisleiterInnen tätig. Darüber hinaus hat sie Lehraufträge an unterschiedlichen Institutionen der Erwachsenenbildung.

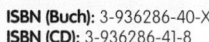

Umwelt spielend begreifen

aus dem
Ökotopia Verlag
Hafenweg 26a · D-48155 Münster

A. u. B. Neumann

Wasserfühlungen

Das ganze Jahr Naturerlebnisse an Bach und Tümpel – Naturführungen, Aktivitäten und Geschichtenbuch

Ein Handbuch für Naturwahrnehmungen an Kleinstgewässern mit Experimenten, Rezepten, Geschichten und spannenden Informationen zur Biologie und Mythologie von Pflanzen und Tieren. Für jede Jahreszeit werden verschiedene Spiele und Wahrnehmungsübungen vorgestellt.

ISBN: 3-936286-13-2

Martina Kroth

Von Leuchtfischen und Meerjungfrauen

Kleine Landratten erfahren spielerisch Spannendes und Wissenswertes über den Lebensraum Meer

Kinder holen sich das Meer nach Hause und erforschen Ozean und Küste, Schifffahrt und Wetter, Meerestiere und Seeungeheuer in vielfältigen Spielen, Experimenten, Geschichten, Bastelaktionen und Rezepten.

ISBN: 3-936286-35-3

A. u. B. Neumann

Wiesenfühlungen

Das ganze Jahr die Wiese erleben Naturführungen, Wahrnehmungsspiele und Geschichtenbuch

Wiesen sind Orte verschiendenster Geräusche, Gerüche, Farben und auch Gaumenfreuden, die nicht nur unseren Huftieren und Hasen schmecken. Unsere Wiesen sind aber auch Abenteuer- und Spielplätze, Orte der Ruhe und des Sonnenbadens, ein Zauberland, eine Universität und ein Garten.

ISBN: 3-931902-89-7

Leonore Geißelbrecht-Taferner

Die Garten-Detektive

Mit vielfältigen Experimenten, Spielen, Bastelaktionen, Geschichten und Rezepten den blühenden Frühjahrsboten auf der Spur

Mit Lupe und detektivischer Spürnase begeben sich Kinder auf die Suche nach Frühjahrsblühern im eigenen Garten und in Feld, Wald und Wiese. Ob Veilchen, Gänseblümchen oder Löwenzahn – alle Pflanzen haben ihre eigenen Besonderheiten und Fähigkeiten, die es zu entdecken gilt.

ISBN: 3-936286-58-2

A. u. B. Neumann

Waldfühlungen

Das ganze Jahr den Wald erleben – Naturführungen, Aktivitäten und Geschichtenfibel

Der Wald ist ein Abenteuer – ein Spielplatz, ein Zauberland, eine Universität und ein Garten. Die Bäume erzählen uns Geschichten, die in Sagen, Märchen und Gedichten weitergegeben werden. Aber auch andere Waldbewohner bieten Interessantes und Erstaunliches.

ISBN: 3-931902-42-0

K. Saudhoff, B. Stumpf

Mit Kindern in den Wald

Wald-Erlebnis-Handbuch Planung, Organisation und Gestaltung

Es ist den Autorinnen gelungen, aus ihren vielfältigen Erfahrungen in Projekten mit Kinder-Gruppen ein echtes Wald-Erlebnis-Handbuch zusammenzustellen, das von der Planung, Organisation bis hin zur Durchführung zahlreiche Anregungen und Hilfestellungen gibt.

ISBN: 3-931902-25-0

Steffi Kreuzinger, Eva Sambale

Himmel die Berge!

Mit Kindern unterwegs: Spiele, Naturerlebnisse, Geschichten und Lieder

Mit Geländespielen, Bastelaktionen mit Naturmaterialien, alpenländischen Liedern und vielfältigen Sinnes- und Bewegungsspielen können Kinder mit viel Spaß im Gebirge unterwegs sein und dabei spielend die Bergnatur erleben können. Naturkundliche Informationen und pädagogische Tipps erleichtern die Umsetzung in der Praxis.

ISBN (Buch): 3-936286-20-5 · **ISBN (CD):** 3-936286-21-3

B. Hesebeck, G. Lilitakis, S. Schulz, D. Gouder

Mit Robin Hood in den Wald

Waldabenteuer für Kinder: Naturerlebnisse, Tobe- und Geländespiele, Bastelaktionen mit Naturmaterialien, Infos über Pflanzen und Tiere und Geschichten von Robin Hood und seinen Gefolgsleuten

Gelungene Aktionen, spannendes Hintergrundwissen und Checklisten bieten optimale Anregungen für die praktische Arbeit.

ISBN: 3-936286-10-8